全国职业院校汽车类专业新形态**工作手册式教材**
全国技工院校汽车类专业**工学一体化教材**

汽车安全与舒适系统检测与维修

中德诺浩汽车职业教育研究院　组织编写
主编　吕丕华

中国劳动社会保障出版社

内容简介

本书为全国职业院校汽车类专业新形态工作手册式教材 / 全国技工院校汽车类专业工学一体化教材，由中德诺浩汽车职业教育研究院组织开发。全书分为 3 个学习情境、16 个学习任务，主要包括灯光系统故障诊断与维修，静态转向灯故障诊断与维修，天窗故障诊断与维修，自动雨刮故障诊断与维修，电动座椅故障诊断与维修，电动车窗、电动后视镜故障诊断与维修，无钥匙进入系统故障诊断与维修，无钥匙启动系统故障诊断与维修，车载逆变器故障诊断与维修，安全气囊系统故障诊断与维修等内容。

本书可作为全国职业院校与技工院校汽车类专业教学用书，也可作为汽车售后服务企业相关技术人员与社会人士培训参考用书。

本套教材由吕丕华主编，本书由温江杰负责编写。

图书在版编目（CIP）数据

汽车安全与舒适系统检测与维修 / 吕丕华主编. -- 北京：中国劳动社会保障出版社，2023
全国职业院校汽车类专业新形态工作手册式教材 全国技工院校汽车类专业工学一体化教材
ISBN 978-7-5167-5845-8

Ⅰ. ①汽… Ⅱ. ①吕… Ⅲ. ①汽车－安全装置－故障诊断－职业教育－教材②汽车－安全装置－车辆修理－职业教育－教材 Ⅳ. ①U472.41

中国国家版本馆 CIP 数据核字（2023）第 128845 号

中国劳动社会保障出版社出版发行
（北京市惠新东街 1 号 邮政编码：100029）
*
北京市白帆印务有限公司印刷装订 新华书店经销
880 毫米 ×1230 毫米 16 开本 10.5 印张 258 千字
2023 年 8 月第 1 版 2023 年 8 月第 1 次印刷
定价：34.00 元

营销中心电话：400-606-6496
出版社网址：http://www.class.com.cn
http://jg.class.com.cn

序

当前，我国正在加快实施“中国制造 2025”计划，处于由制造大国向制造强国、由人力资源大国向人力资源强国发展的重要时期，党和国家为此制定了一系列科教兴国、人才强国的战略措施。

在人才队伍中，工作在生产一线的技能型人才是重要基础。高素质技能型人才队伍是推动经济社会发展的重要保障，职业教育是培养高素质技能型人才的主要渠道。尽管世界各国国情不同，发展职业教育的条件、政策和具体措施各异，但无论发达国家还是新兴工业化国家，均普遍重视职业教育在培养高素质技能型人才中的重要作用，把发展职业教育作为人力资源开发、振兴经济、增强国力的战略选择。

德国的职业教育水平处于世界领先地位。德国经济在世界金融危机中之所以依然稳健发展，与其因职业教育发达而拥有大量的高素质技能型人才是分不开的。完备的法律制度和各方面的高度重视，为德国的职业教育发展提供了有力保障。德国的双元制职业教育制度将劳动人事制度与教育制度有机地结合在一起。学校和企业都是培养人才的主体，并承担相应责任，学校和企业的教学计划、形式和内容虽各有侧重，但又相互联系，且均以工作任务为教学载体，将技能学习和训练、理论学习和运用有机结合，充分发挥学生在教学中的主体作用，着力培养学生承担社会责任的能力、独立发现和解决问题的能力、在实践中自主学习的能力。

改革开放以来，我国在借鉴国外先进职业教育经验方面取得了可喜成就。我国职业教育的对外交流与合作就是从借鉴和学习德国经验开始的，中德诺浩（北京）教育投资股份有限公司为此做了积极而有效的探索。

长期以来，该公司致力于引进德国的汽车职业教育资源，与德国手工业协会合作，在国内与以德国品牌为主的汽车合资企业和各类职业院校共同开展教育工作。经过多年的探索，结合我国国情，该公司成功地引进德国汽车职业教育的课程体系、教学素材和教学方法，并结合互联网手段进行了全方位本土化，在此基础上与 300 多所职业院校联手，为我国汽车维修企业培养了大批优秀人才。与此同时，该公司组织中德两国的汽车技术专家、经验丰富的维修技师和职业教育专家，共同编写了职业院校汽车类专业新形态工作手册式教材。这套教材以培养高技能人才为目标，内容选自实际操作，既“原汁原味”地吸纳了德国经验，又结合我国实际情况充实了教学内容，推动我国汽车维修技能型人才的培养与世界接轨。我期待其在我国培养国际标准汽车高技能人才方面发挥出重要作用，在中国由汽车大国向汽车强国迈进的征程中做出应有的贡献。

唐天标

（本序作者系第十一届全国人大常委会委员、第十一届全国人大教科文卫委员会副主任委员，原中国人民解放军总政治部副主任，上将军衔）

前言

职业教育是国民教育体系和人力资源开发的重要组成部分，肩负着培养多样化人才、传承技术技能、促进就业创业的重要职责。随着新型工业化的推进和科学技术的发展，现代职业教育体系越来越成为国家竞争力的重要支撑。为贯彻落实全国职业教育大会精神，推动现代职业教育高质量发展，加快构建现代职业教育体系，建设技能型社会，弘扬工匠精神，培养更多高素质技术技能人才、能工巧匠、大国工匠，满足我国汽车产业迅猛发展对高端技术技能型汽车人才的需求，中德诺浩在总结多年来将德国汽车职业教育中国本土化经验的基础上，编写了这套职业院校汽车类专业新形态工作手册式教材。

本套教材将理论基础和实践应用有机结合，在引领学生学习汽车专业知识的同时培养学生实际操作技能，具有以下特点：

（1）以企业一线任务为引导，将理论知识与实践技能进行完美结合。

（2）集图、文、声、像于一体，为学生提供多种形式的学习素材。

（3）采用四色印刷，版面简洁清晰、主题明确、色彩清新。

（4）本套教材配有丰富的数字化教学资源，学生可通过扫描每本书专属的封面二维码进行浏览和自学。

本套教材由中德诺浩汽车职业教育研究院组织编写，编写方式充分发挥了学生的主体地位，优化了课堂设计，便于调动学生的学习积极性和主动性，还可培养学生的创新意识和创新能力。

本套教材是职业院校汽车类专业核心课程教材，同时也可供从事汽车研究、设计、制造、使用和维修的工程技术人员学习和参考。

由于时间紧、任务重，本书内容难免有不恰当和错误之处，敬请广大读者批评指正！

编者

2022 年 10 月

目录

CONTENTS

情境一

车辆灯光系统检修

任务一　灯光系统故障诊断与维修（一）

灯光系统故障诊断与维修任务工单——故障诊断						
客户信息	客户姓名		联系电话		接单日期	
车辆信息	车辆品牌		出厂日期		特殊配置	
	车辆年款		车身颜色			

故障信息

灯光系统故障 □	静态转向灯故障 □	天窗故障 □
自动雨刮故障 □	电动座椅故障 □	电动车窗、电动后视镜故障 □
无钥匙进入系统故障 □	无钥匙启动系统故障 □	车载逆变器故障 □
安全气囊系统故障 □	其他 □	

客户描述：

____

____

____

车辆外观检查		车辆内饰检查	
凹凸 □	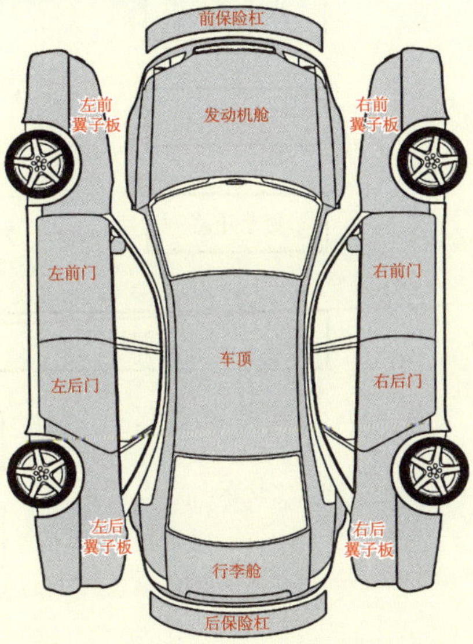	污渍 □	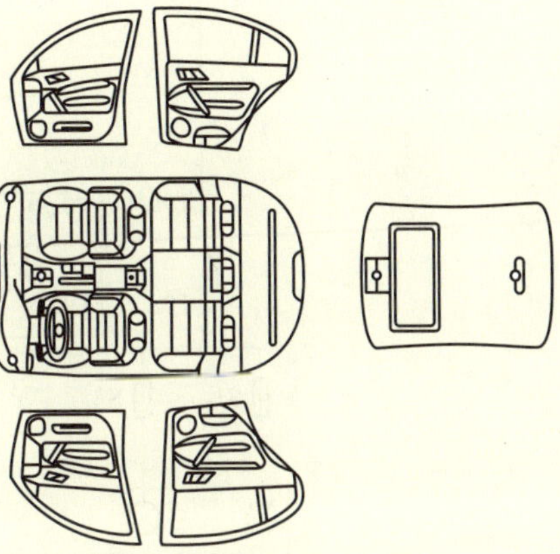
划痕 □		破损 □	
石击 □		色斑 □	
油漆 □		变形 □	

明确具体工作任务

____

____

____

任务目标

- 能够熟练地对汽车近光灯系统故障进行诊断与维修
- 能够对前照灯变光机构故障进行诊断与维修

续表

任务内容	● 近光灯控制原理 ● 车载电网系统的优势 ● 近光灯灯泡的分类与特点 ● 氙气灯工作原理及维修注意事项 ● 近光灯系统故障的检查方法 ● 前照灯变光机构故障的检查方法
任务重点	● 近光灯系统故障的检查方法 ● 前照灯变光机构故障的检查方法

一、知识讲解

（一）近光灯控制原理

1. 捷达轿车近光灯控制原理

如图 1-1 所示，传统捷达轿车的近光灯控制原理如下：随着前照灯开关 E1 闭合，电流从 15 线经熔丝 S24、前照灯开关 E1、变光开关 E4、前照灯继电器 J12 后搭铁，从而控制前照灯继电器的被控端接通，前照灯点亮。

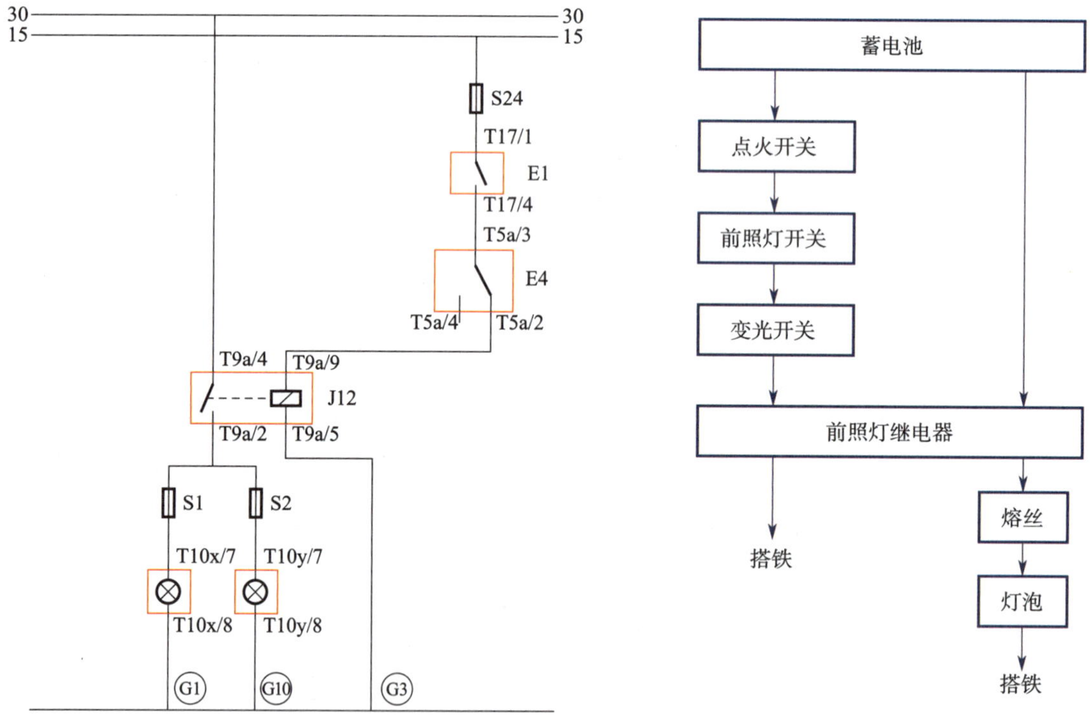

图 1-1　近光灯控制原理

2. 新型车载电网系统近光灯控制原理

相对于传统电路系统的线路和开关控制，车载电网系统对传统电路系统线路进行了优化，车载电网控制单元 J519（中央电气电子设备）直接接收各种开关信号和传感器信号，然后对车辆上的灯光、雨刮等用电设备进行直接或间接控制，如图 1-2 所示。

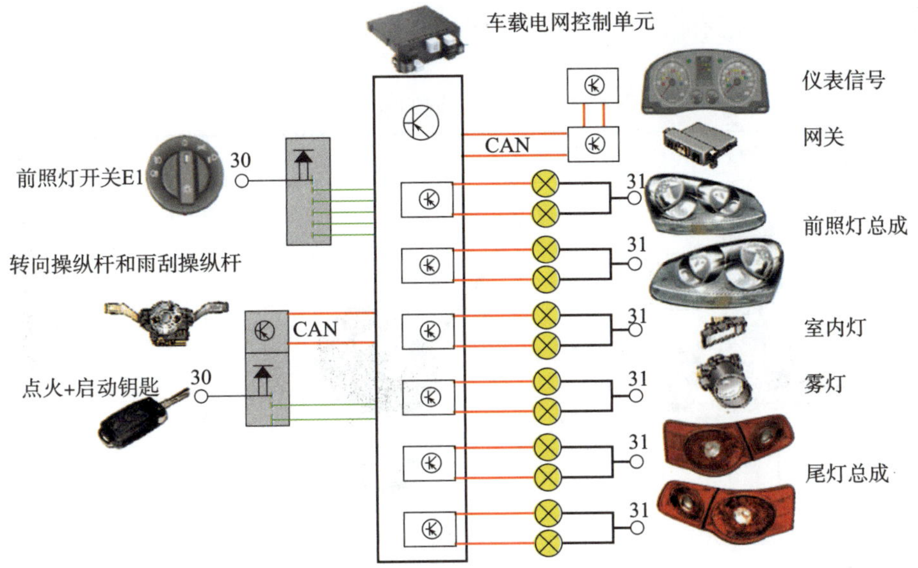

图 1-2 车载电网系统中的灯光控制

车载电网系统的近光灯控制系统主要由车载电网控制单元 J519、进入及启动许可开关 E415、前照灯开关 E1、前照灯总成等部件组成，自动前照灯车型还装配有雨量和光照识别传感器 G397，如图 1-3 所示。当打开前照灯开关，前照灯开关接通 12 V 电源到车载电网控制单元 J519 时，车载电网控制单元 J519 收到点火开关信号与雨量和光照识别传感器信号，控制两个近光灯点亮。

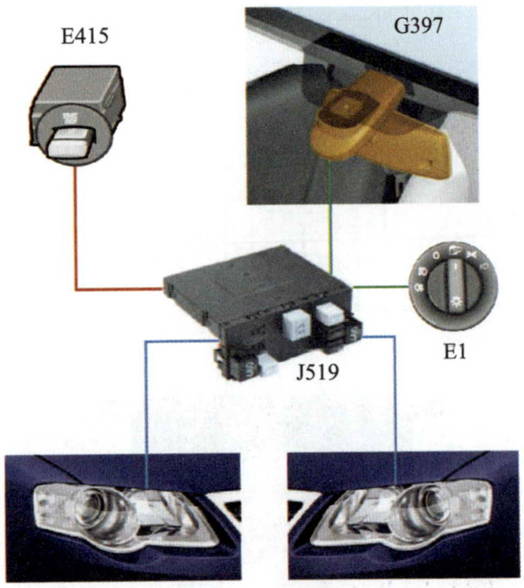

图 1-3 近光灯控制系统组成

（二）车载电网系统的优势

车载电网系统能对全车用电器和电源系统进行集中控制管理，优化车辆电气设备的用电消耗，也实现了全车用电设备的智能化和自动化。当车辆电源系统或某电器损坏时，车载电网系统还会进行自诊断，并储存相关故障代码。

（三）近光灯灯泡的分类与特点

汽车上常见的近光灯灯泡有卤素灯泡、氙气灯泡和 LED 灯泡。各类型灯泡的特点见表 1-1。

表 1-1　近光灯灯泡的分类与特点

名称	卤素灯泡	氙气灯泡	LED 灯泡
图例	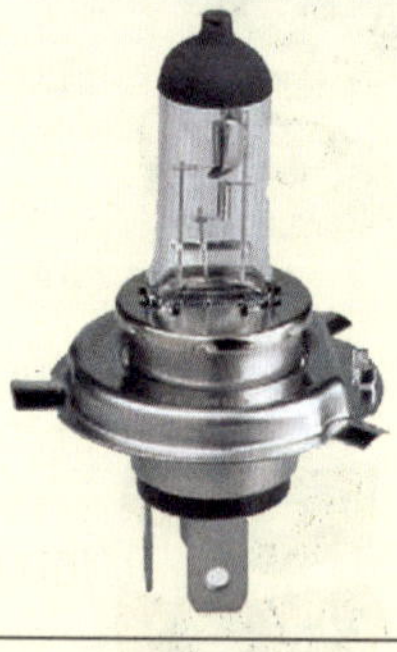		
工作原理	通过灯管中螺旋状的钨丝生热后发光	没有灯丝，利用高压电击穿灯泡中的氙气形成电弧发光	利用发光二极管作为光源
特点	能耗高，发热量大，亮度低	能耗低，效能高，亮度高，但需要配镇流器	效能更高，更智能化，占用空间小，利于前照灯形状的设计

（四）氙气灯

1. 工作原理

氙气灯的发光原理是通过启动器和镇流器（大众迈腾轿车称为气体放电灯控制单元和前照灯电源模块），将电压提高至 23 000 V 以上击穿氙气，从而使氙气在两个电极之间形成电弧并发光，如图 1-4 所示。

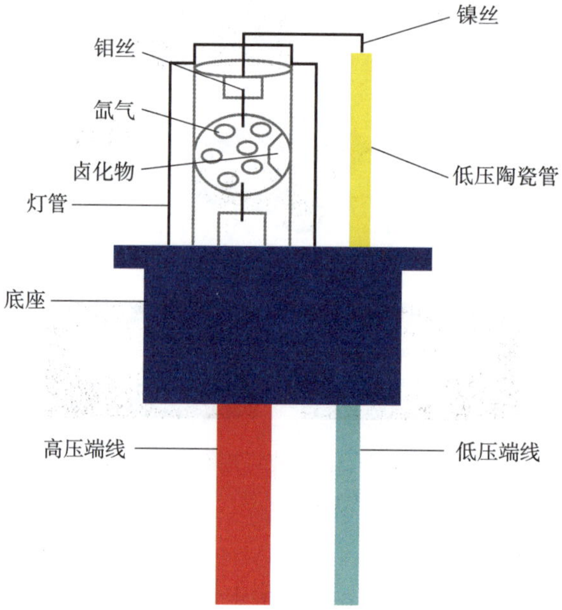

图 1-4　氙气灯工作原理

2. 氙气灯必须配透镜

卤素前照灯属于点光源，通过抛物面反光碗（见图 1–5）可以实现光线的平行输出，平行输出越多，光源利用率越大。

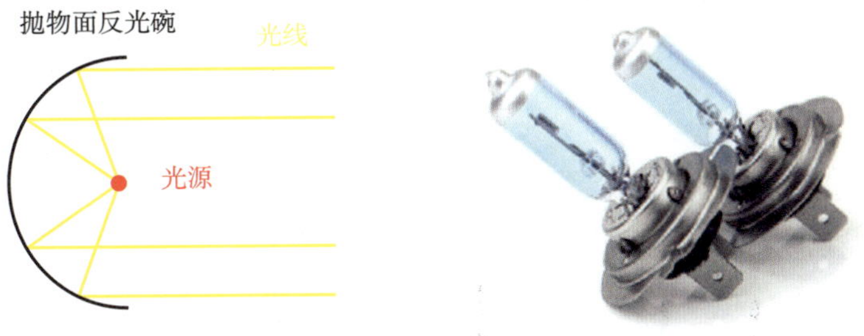

图 1–5　抛物面反光碗

氙气前照灯的发光面积比卤素前照灯大得多，单纯依靠抛物面反光碗已经无法实现光线的平行输出，会有大量的光线散射，造成视觉上的干扰。因此，必须采用透镜将光线聚合，才能保证光能的利用率，如图 1–6 所示。图 1–7 所示为氙气灯透镜实物图。

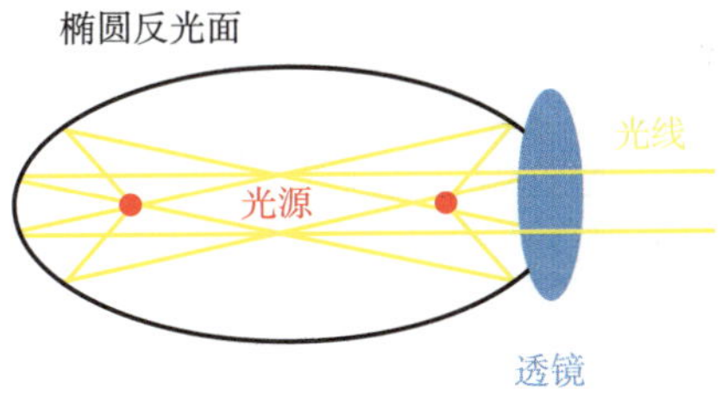

图 1–6　氙气灯透镜作用

图 1–7　氙气灯透镜实物图

3. 氙气灯维修注意事项

（1）灯座区域内照明系统的控制单元、插头或部件带有致命的高电压，在对前照灯系统进行操作时，必须确保所有部件不带电，包括关闭前照灯后必须消除剩余电压。

（2）避免直视光束（有灼目危险），否则会损伤视力。

（五）近光灯系统故障检查方法

当车载电网系统中某个元件出现故障时，可先通过车载电网系统进行故障码查询，根据故障码的提示检查相关故障线路或故障部位。

车载电网系统中近光灯系统故障的检查方法如下：

1. 故障确认。
2. 使用诊断仪读取故障码。
3. 使用诊断仪元件测试功能对近光灯进行动作测试，检查其能否点亮。
4. 如果不能点亮，检查车载电网控制单元 J519 到近光灯的线路（见图 1–8）是否正常，检查灯泡是否损坏。

5. 检查前照灯总成内气体放电灯控制单元和前照灯电源模块是否正常。

6. 如果能点亮，使用诊断仪读取前照灯开关等数据流。

7. 检查前照灯开关至车载电网控制单元 J519 的线束是否正常。

8. 如果线束正常，诊断仪执行动作测试后车载电网控制单元 J519 没有发出相应的电压信号，则更换车载电网控制单元 J519。

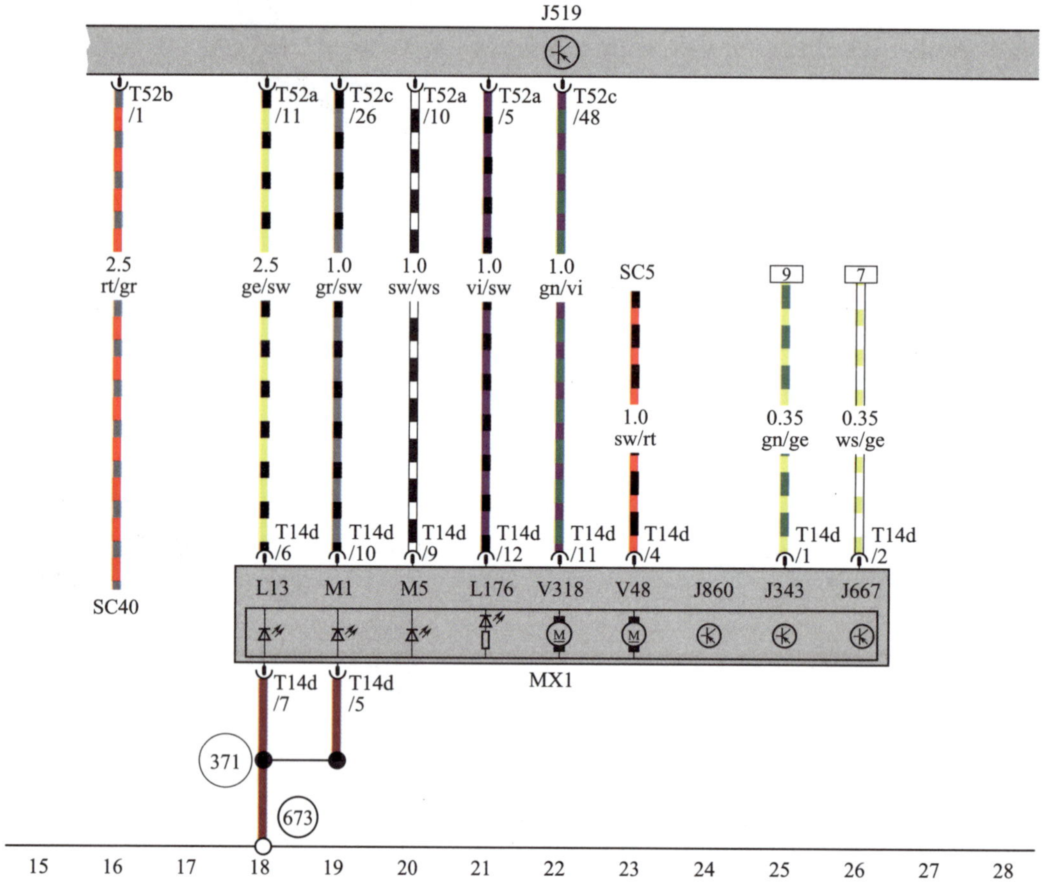

图 1-8　车载电网控制单元 J519 到近光灯的线路

（六）远近光一体前照灯远光切换

大众迈腾轿车采用的是双光透镜，多用于远近光共用一个光源的氙气前照灯，透镜里面有一个遮光片，远近光是通过变光机构驱动遮光片的上下移动实现的。这样，只需一个氙气灯泡就可以实现远近光的切换，如图 1–9 和图 1–10 所示。

（七）前照灯变光机构故障的检查方法

前照灯变光机构故障的检查方法如下：

1. 故障确认。

2. 使用诊断仪读取故障码。

3. 使用诊断仪元件测试功能对变光机构进行动作测试，检查能否成功切换。

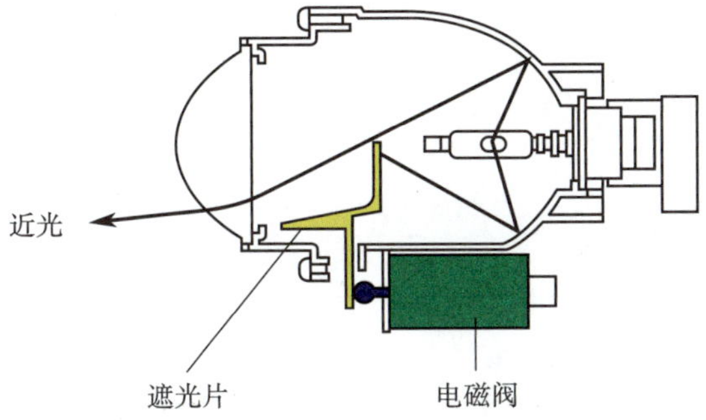

图 1-9 近光状态

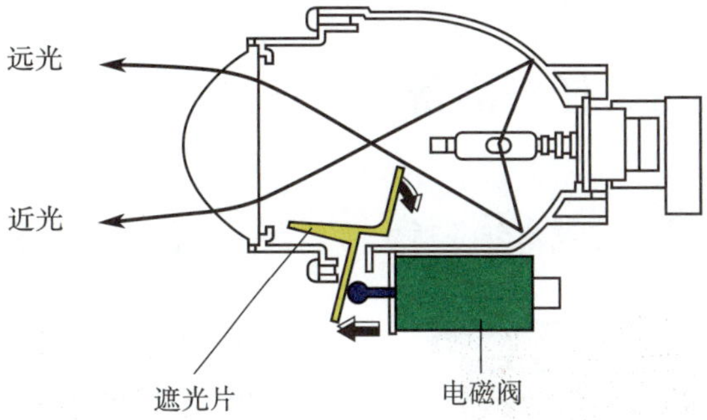

图 1-10 远光状态

4. 如果能切换，使用诊断仪读取变光开关等数据流。

5. 检查变光开关 E4 至转向柱电子装置控制单元 J527（见图 1-11）、J527 至车载电网控制单元 J519 的线束是否正常。

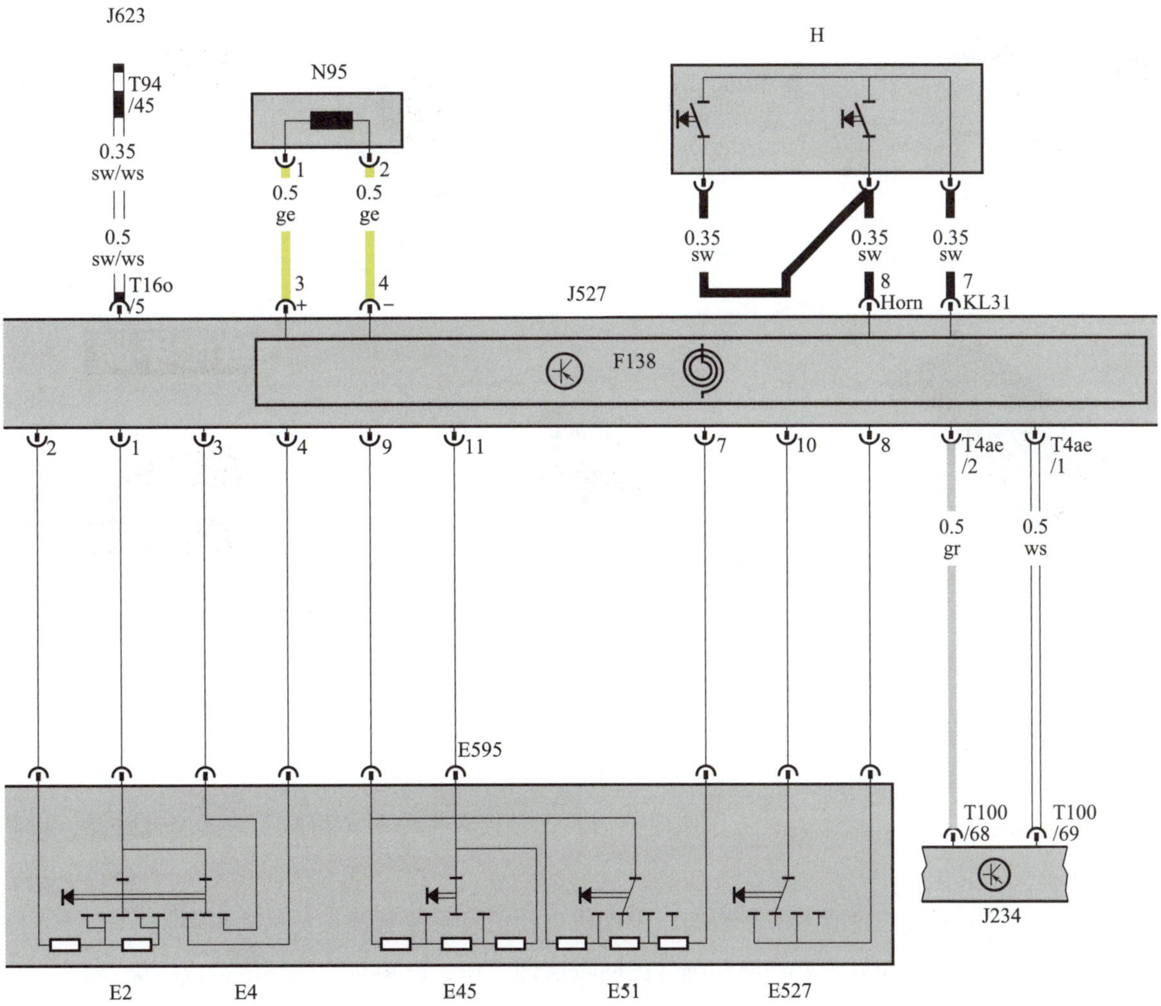

图 1-11 转向柱电子装置控制单元 J527 到变光开关 E4 的线路

6. 如果不能成功切换，检查车载电网控制单元 J519 到前照灯的线束以及变光电磁阀是否正常。如果变光电磁阀损坏，需更换前照灯总成。

二、任务准备

选出完成本任务所需的工具、设备、资料等。

	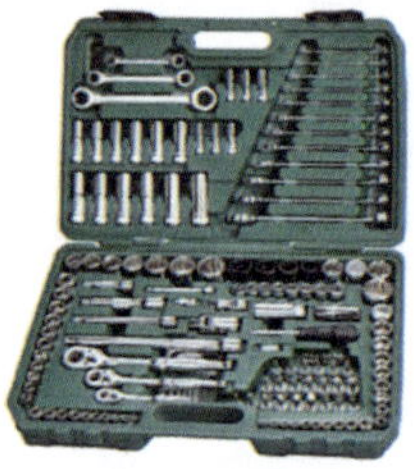	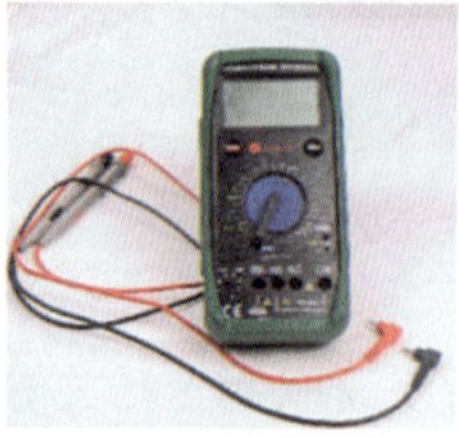	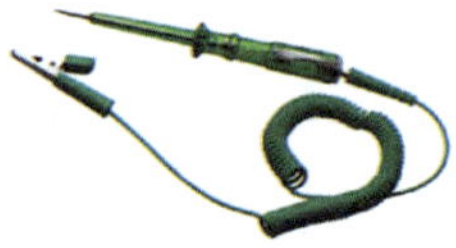
工具车	常用工具套装	万用表	二极管试灯

诊断仪	护目镜	氙气灯泡	熔丝

前照灯开关	实训车辆	维修手册

三、防护措施

1. 进入车间应穿工鞋，戴工帽；工作服应整洁，无破损；操作时不可戴手表等金属饰品，以防划伤车辆表面。

2. 维修操作前应铺设三件套及翼子板布，发动机启动前应确保其他人员远离车辆。

3. 更换油液或配件时应处理好油液和配件的回收清理工作，以免对工作环境造成污染。

4. 任何时间操作电气设备时都应注意用电安全，作业结束后，应及时切断用电设备的电源。

5. 灯座区域内照明系统的控制单元、插头或部件带有致命的高电压，在对前照灯系统进行操作时，必须确保所有部件不带电，包括关闭前照灯后必须消除剩余电压。

6. 应避免直视光束，否则会损伤视力。

7. 操作过程中应做到油品、工具、配件三不落地，作业完毕应及时清理车间工作场地，做到现场5S管理。

四、任务分配（见表1-2）

表1-2 任务分配表

职务	代码	姓名	工作内容
组长	A		监督、管理组员工作
组员	B		准备实训所需车辆及零配件
	C		
	D		准备实训所需工具及维修手册
	E		

五、任务实施

（一）操作流程

完成下面工作内容的排序并填写在表1-3中。

表1-3 灯光系统故障诊断与维修操作步骤

项目	步骤	工作内容
安全防护与准备工作		打开驾驶员侧车门，铺设三件套
		打开发动机舱盖，铺设翼子板布
故障验证		先打开点火开关，再分别打开示廓灯、近光灯、远光灯、雾灯、转向灯，观察示廓灯、近光灯、远光灯、雾灯、转向灯是否正常点亮
		使用诊断仪读取车辆故障码
近光灯系统故障检查		若前照灯开关控制失灵，则断开前照灯插接器，打开点火开关和前照灯开关，检查T14d/6号端子是否有12 V电压，若有12 V电压，则检查T14d/5和T14d/7号端子与搭铁是否良好，若均正常则前照灯有故障；若无12 V电压，则使用诊断仪进行诊断
		检查前照灯开关供电熔丝SC2和SC13，若熔丝损坏则更换熔丝；若熔丝正常则断开前照灯开关插接器，使用万用表20 V电压挡（或试灯）测量插接器T10j/8号端子是否有12 V电压。若无12 V电压则该线束损坏；若有12 V电压则使用万用表200 Ω电阻挡测量T10j/6号端子与搭铁点间电阻值，若电阻值异常则该线束有故障
		若供电及搭铁均正常，则连接示波器到各信号线束上，打开前照灯开关，检查是否发出信号。若无信号发出，则前照灯开关损坏；若有信号发出，则检查车载电网控制单元
		连接诊断仪，进入“引导性功能”，依次选择“品牌”“车型”“年款”“发动机型号”，进入“车载电网控制单元”，选择“测量值”“左侧近光灯”，检查打开前照灯开关时车载电网控制单元是否收到开关控制信号。若收到信号，则检查车载电网控制单元；若未收到信号，则检查前照灯开关
		检查车载电网控制单元供电熔丝，检查发动机舱熔丝盒内熔丝SB5、SB25、SB26及车内驾驶员侧A柱熔丝盒内熔丝SC23、SC40。若熔丝正常，则检查每个熔丝至车载电网控制单元的线束电阻值；若电阻值异常则该线束有故障

续表

项目	步骤	工作内容
近光灯系统故障检查		若供电正常，则检查车载电网控制单元插接器 A 的 T52a/23、T52a/42 号端子，插接器 B 的 T52b/52 号端子，插接器 C 的 T52c/5、T52c/30 号端子与搭铁点间的电阻值，若电阻值异常，则该线束有故障。若供电及搭铁均无问题，则车载电网控制单元损坏
前照灯变光机构故障检查		连接诊断仪，进入“转向柱电子装置控制单元”，选择“测量值”“远光灯”，检查打开变光开关时转向柱电子装置控制单元是否收到变光开关控制信号。若未收到控制信号，则检查变光开关是否正常；若收到控制信号，则检查 CAN 数据总线
		若变光开关控制失灵，则断开前照灯插接器，打开变光开关，检查 T14d/11 号端子有无 12 V 电压。若有 12 V 电压，则检查 T14d/5 和 T14d/7 号端子与搭铁是否良好，若均正常，则前照灯有故障；若无 12 V 电压，则使用诊断仪进行诊断
		断开车载电网控制单元插接器 C，分别检查转向柱电子装置控制单元 T16o/3 号端子至车载电网控制单元插接器 T52c/16 号端子，T16o/4 号端子至 T52c/15 号端子间的线束电阻值。若电阻值异常，则检修线束。若以上检查都正常，则转向柱电子装置控制单元损坏
		检查转向柱电子装置控制单元供电熔丝 SB9。若熔丝损坏，则更换熔丝；若熔丝正常，则断开转向柱电子装置控制单元插接器，检查熔丝插脚至插接器 T16o/1 号端子间线束及 T16o/2、T16o/6 号端子至搭铁点间线束电阻值，若电阻值异常则该线束有故障
		检查车载电网控制单元，方法与近光灯系统故障检查相同
整理		撤去翼子板布及三件套，整理工具及现场卫生

（二）实施记录

结合实施过程，对照表 1-4 所列检查项目进行检查，并记录实际的检查结果。

表 1-4　灯光系统故障诊断与维修实施记录

序号	项目	故障检查	故障记录
1	安全防护与准备工作	打开驾驶员侧车门，铺设三件套 □ 打开发动机舱盖，铺设翼子板布 □	完成情况：
2	故障验证	示廓灯 □　近光灯 □　远光灯 □　雾灯 □　转向灯 □ 读取车辆故障码：____________________	检查出的故障：
3	近光灯系统故障检查	前照灯开关检查　□　动作测试情况　□ 前照灯总成电源、搭铁、熔丝检查 □ 车载电网控制单元 J519 电源、搭铁、熔丝检查 □ 检查车载电网控制单元 J519 与前照灯之间的连接是否正常 □ 故障记录：____________________	检查出的故障：
4	前照灯变光机构故障检查	“前照灯无基本设置”故障码 □　动作测试情况 □ 转向柱电子装置控制单元 J527 电源、搭铁、熔丝检查 □ 转向柱电子装置控制单元 J527 至车载电网控制单元 J519 线束连接情况检查 □ 车载电网控制单元 J519 到前照灯线束、变光电磁阀情况检查 □ 故障记录：____________________ ____________________________	检查出的故障：

续表

序号	项目	故障检查	故障记录
5	其他		检查出的故障：
6	整理	撤去翼子板布及三件套 □ 整理工具及现场卫生 □	完成情况：
根据任务实施流程和故障排除过程，总结灯光系统故障排除思路，并填写在下面： 1. ____ 2. ____ 3. ____ 4. ____ 5. ____ 6. ____			

六、检查

（一）自检

结合本组任务操作过程，对任务执行过程中的操作规范性进行检查，检查操作过程中是否存在以下问题，分析讨论应如何避免并总结规范的操作方法（见表 1–5）。

表 1–5 自检

检查项目	结果
车辆停放位置是否合适，是否将变速器置于空挡并拉紧驻车制动器	是 □ 否 □
是否使用三件套对车辆进行防护	是 □ 否 □
故障是否确认	是 □ 否 □
车载电网控制单元读取故障码是否正常	是 □ 否 □
车载电网控制单元故障是否排除	是 □ 否 □
近光灯系统是否有故障码	是 □ 否 □
近光灯系统故障是否排除	是 □ 否 □
前照灯变光机构是否有故障码	是 □ 否 □
前照灯变光机构故障是否排除	是 □ 否 □
工作场地是否清洁，车辆是否复位	是 □ 否 □

（二）互检

组与组之间相互进行任务操作过程及结果检查，并把检查结果填写在表 1-6 中。

表 1-6　互检

检查项目	结果
车辆停放位置是否合适，是否将变速器置于空挡并拉紧驻车制动器	是 □　否 □
是否使用三件套对车辆进行防护	是 □　否 □
故障是否确认	是 □　否 □
车载电网控制单元读取故障码是否正常	是 □　否 □
车载电网控制单元故障是否排除	是 □　否 □
近光灯系统是否有故障码	是 □　否 □
近光灯系统故障是否排除	是 □　否 □
前照灯变光机构是否有故障码	是 □　否 □
前照灯变光机构故障是否排除	是 □　否 □
工作场地是否清洁，车辆是否复位	是 □　否 □

七、课堂小结

任务二　灯光系统故障诊断与维修（二）

灯光系统故障诊断与维修任务工单——故障检修					
客户信息	客户姓名		联系电话	接单日期	
车辆信息	车辆品牌		出厂日期	特殊配置	
	车辆年款		车身颜色		
故障信息	灯光系统故障 □ 自动雨刮故障 □ 无钥匙进入系统故障 □ 安全气囊系统故障 □		静态转向灯故障 □ 电动座椅故障 □ 无钥匙启动系统故障 □ 其他 □	天窗故障 □ 电动车窗、电动后视镜故障 □ 车载逆变器故障 □	
	客户描述：				

车辆外观检查		车辆内饰检查	
凹凸 □	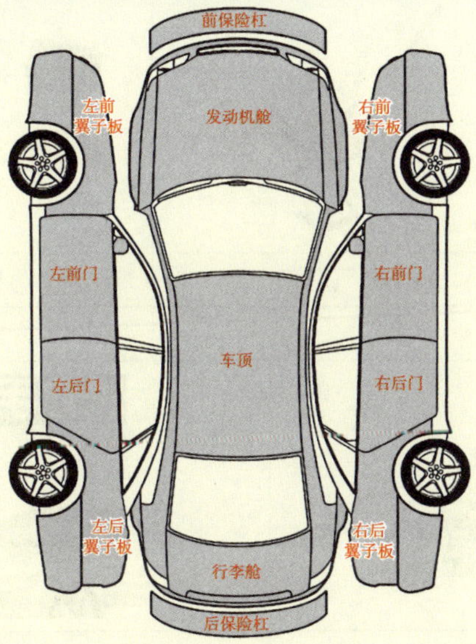	污渍 □	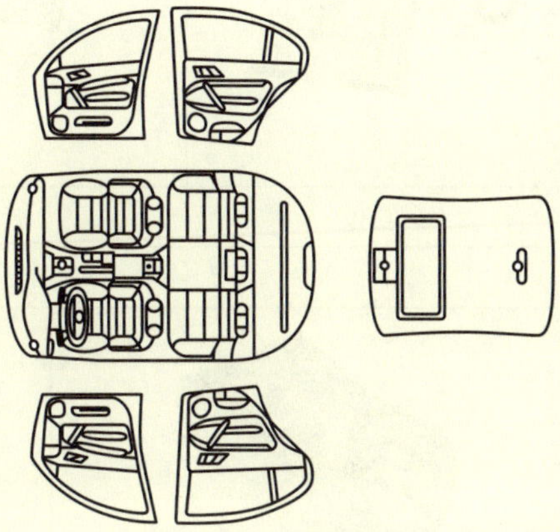
划痕 □		破损 □	
石击 □		色斑 □	
油漆 □		变形 □	

明确具体工作任务	

任务目标

- 能够熟练地对汽车近光灯系统故障进行诊断与维修
- 能够对前照灯变光机构故障进行诊断与维修

续表

任务内容	● 近光灯控制原理 ● 近光灯灯泡的分类与特点 ● 氙气灯工作原理及维修注意事项 ● 近光灯系统故障的检查方法 ● 前照灯变光机构故障的检查方法
任务重点	● 近光灯系统故障的检查方法 ● 前照灯变光机构故障的检查方法

一、任务准备

选出完成本任务所需的工具、设备、资料等。

	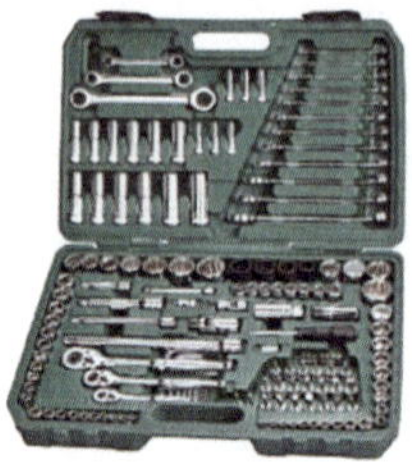	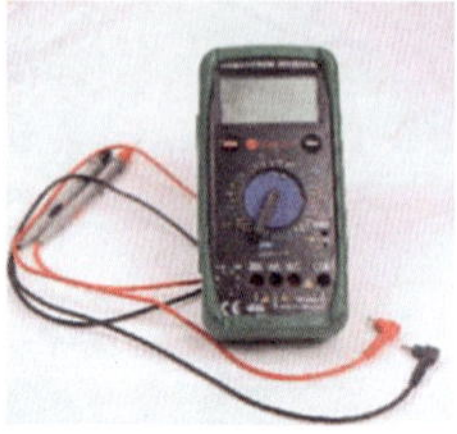	
工具车	常用工具套装	万用表	二极管试灯

诊断仪	护目镜	氙气灯泡	熔丝

前照灯开关	实训车辆	维修手册

二、防护措施

1. 进入车间应穿工鞋，戴工帽；工作服应整洁，无破损；操作时不可戴手表等金属饰品，以防划伤车辆表面。

2. 维修操作前应铺设三件套及翼子板布，发动机启动前应确保其他人员远离车辆。

3. 更换油液或配件时应处理好油液和配件的回收清理工作，以免对工作环境造成污染。

4. 任何时间操作电气设备时都应注意用电安全，作业结束后，应及时切断用电设备的电源。

5. 灯座区域内照明系统的控制单元、插头或部件带有致命的高电压，在对前照灯系统进行操作时，必须确保所有部件不带电，包括关闭前照灯后必须消除剩余电压。

6. 应避免直视光束，否则会损伤视力。

7. 操作过程中应做到油品、工具、配件三不落地，作业完毕应及时清理车间工作场地，做到现场5S管理。

三、任务分配（见表2-1）

表2-1 任务分配表

职务	代码	姓名	工作内容
组长	A		监督、管理组员工作
组员	B		准备实训所需车辆及零配件
	C		
	D		准备实训所需工具及维修手册
	E		

四、任务实施

（一）操作流程

完成下面工作内容的排序并填写在表2-2中。

表2-2 灯光系统故障诊断与维修操作步骤

项目	步骤	工作内容
安全防护与准备工作		打开驾驶员侧车门，铺设三件套
		打开发动机舱盖，铺设翼子板布
故障验证		使用诊断仪读取车辆故障码
		先打开点火开关，再分别打开示廓灯、近光灯、远光灯、雾灯、转向灯，观察示廓灯、近光灯、远光灯、雾灯、转向灯是否正常点亮
近光灯系统故障检查		若前照灯开关控制失灵，则断开前照灯插接器，打开点火开关和前照灯开关，检查T14d/6号端子是否有12 V电压，若有12 V电压，则检查T14d/5和T14d/7号端子与搭铁是否良好，若均正常则前照灯有故障；若无12 V电压，则使用诊断仪进行诊断
		连接诊断仪，进入“引导性功能”，依次选择“品牌”“车型”“年款”“发动机型号”，进入“车载电网控制单元”，选择“测量值”“左侧近光灯”，检查打开前照灯开关时车载电网控制单元是否收到开关控制信号。若收到信号，则检查车载电网控制单元；若未收到信号，则检查前照灯开关

续表

项目	步骤	工作内容
近光灯系统故障检查		若供电及搭铁均正常，则连接示波器到各信号线束上，打开前照灯开关，检查是否发出信号。若无信号发出，则前照灯开关损坏；若有信号发出，则检查车载电网控制单元
		检查车载电网控制单元供电熔丝，检查发动机舱熔丝盒内熔丝 SB5、SB25、SB26 及车内驾驶员侧 A 柱熔丝盒内熔丝 SC23、SC40。若熔丝正常，则检查每个熔丝至车载电网控制单元的线束电阻值；若电阻值异常则该线束有故障
		检查前照灯开关供电熔丝 SC2 和 SC13，若熔丝损坏则更换熔丝；若熔丝正常则断开前照灯开关插接器，使用万用表 20 V 电压挡（或试灯）测量插接器 T10j/8 号端子是否有 12 V 电压。若无 12 V 电压则该线束损坏；若有 12 V 电压则使用万用表 200 Ω 电阻挡测量 T10j/6 号端子与搭铁点间电阻值，若电阻值异常则该线束有故障
		若供电正常，则检查车载电网控制单元插接器 A 的 T52a/23、T52a/42 号端子，插接器 B 的 T52b/52 号端子，插接器 C 的 T52c/5、T52c/30 号端子与搭铁点间的电阻值，若电阻值异常，则该线束有故障。若供电及搭铁均无问题，则车载电网控制单元损坏
前照灯变光机构故障检查		检查转向柱电子装置控制单元供电熔丝 SB9。若熔丝损坏，则更换熔丝；若熔丝正常，则断开转向柱电子装置控制单元插接器，检查熔丝插脚至插接器 T16o/1 号端子间线束，及 T16o/2、T16o/6 号端子至搭铁点间线束电阻值，若电阻值异常则该线束有故障
		若变光开关控制失灵，则断开前照灯插接器，打开变光开关，检查 T14d/11 号端子有无 12 V 电压。若有 12 V 电压，则检查 T14d/5 和 T14d/7 号端子与搭铁是否良好，若均正常，则前照灯有故障；若无 12 V 电压，则使用诊断仪进行诊断
		连接诊断仪，进入“转向柱电子装置控制单元”，选择“测量值”“远光灯”，检查打开变光开关时转向柱电子装置控制单元是否收到变光开关控制信号。若未收到控制信号，则检查变光开关是否正常；若收到控制信号，则检查 CAN 数据总线
		断开车载电网控制单元插接器 C，分别检查转向柱电子装置控制单元 T16o/3 号端子至车载电网控制单元插接器 T52c/16 号端子，T16o/4 号端子至 T52c/15 号端子间的线束电阻值。若电阻值异常，则检修线束。若以上检查都正常，则转向柱电子装置控制单元损坏
		检查车载电网控制单元，方法与近光灯系统故障检查相同
整理		撤去翼子板布及三件套，整理工具及现场卫生

（二）实施记录

结合实施过程，对照表 2-3 所列检查项目进行检查，并记录实际的检查结果。

表 2-3 灯光系统故障诊断与维修实施记录

序号	项目	故障检查	故障记录
1	安全防护与准备工作	打开驾驶员侧车门，铺设三件套 □ 打开发动机舱盖，铺设翼子板布 □	完成情况：
2	故障验证	示廓灯 □ 近光灯 □ 远光灯 □ 雾灯 □ 转向灯 □ 读取车辆故障码：________________	检查出的故障：

续表

序号	项目	故障检查	故障记录
3	前照灯系统故障检查	前照灯开关检查 □ 动作测试情况 □ 前照灯总成电源、搭铁、熔丝检查 □ 车载电网控制单元 J519 电源、搭铁、熔丝检查 □ 检查车载电网控制单元 J519 与前照灯之间的连接是否正常 □ 故障记录：______	检查出的故障：
4	前照灯变光机构故障检查	“前照灯无基本设置”故障码 □ 动作测试情况 □ 转向柱电子装置控制单元 J527 电源、搭铁、熔丝检查 □ 转向柱电子装置控制单元 J527 至车载电网控制单元 J519 线束连接情况检查 □ 车载电网控制单元 J519 到前照灯线束、变光电磁阀情况检查 □ 故障记录：______ ______	检查出的故障：
5	其他		检查出的故障：
6	整理	撤去翼子板布及三件套 □ 整理工具及现场卫生 □	完成情况：
根据任务实施流程和故障排除过程，总结灯光系统故障排除思路，并填写在下面： 1. ______ 2. ______ 3. ______ 4. ______ 5. ______ 6. ______			

五、检查

（一）自检

结合本组任务操作过程，对任务执行过程中的操作规范性进行检查，检查操作过程中是否存在以下问题，分析讨论应如何避免并总结规范的操作方法（见表 2-4）。

表 2-4 自检

检查项目	结果
车辆停放位置是否合适，是否将变速器置于空挡并拉紧驻车制动器	是 □ 否 □
是否使用三件套对车辆进行防护	是 □ 否 □
故障是否确认	是 □ 否 □
车载电网控制单元读取故障码是否正常	是 □ 否 □

续表

检查项目	结果
车载电网控制单元故障是否排除	是 □　否 □
近光灯系统是否有故障码	是 □　否 □
近光灯系统故障是否排除	是 □　否 □
前照灯变光机构是否有故障码	是 □　否 □
前照灯变光机构故障是否排除	是 □　否 □
工作场地是否清洁，车辆是否复位	是 □　否 □

（二）互检

组与组之间相互进行任务操作过程及结果检查，并把检查结果填写在表 2-5 中。

表 2-5　互检

检查项目	结果
车辆停放位置是否合适，是否将变速器置于空挡并拉紧驻车制动器	是 □　否 □
是否使用三件套对车辆进行防护	是 □　否 □
故障是否确认	是 □　否 □
车载电网控制单元读取故障码是否正常	是 □　否 □
车载电网控制单元故障是否排除	是 □　否 □
近光灯系统是否有故障码	是 □　否 □
近光灯系统故障是否排除	是 □　否 □
前照灯变光机构是否有故障码	是 □　否 □
前照灯变光机构故障是否排除	是 □　否 □
工作场地是否清洁，车辆是否复位	是 □　否 □

六、课堂小结

任务三　静态转向灯故障诊断与维修

静态转向灯故障诊断与维修任务工单

客户信息	客户姓名		联系电话		接单日期	
车辆信息	车辆品牌		出厂日期		特殊配置	
	车辆年款		车身颜色			

故障信息

灯光系统故障 □	静态转向灯故障 □	天窗故障 □
自动雨刮故障 □	电动座椅故障 □	电动车窗、电动后视镜故障 □
无钥匙进入系统故障 □	无钥匙启动系统故障 □	车载逆变器故障 □
安全气囊系统故障 □	其他 □	

客户描述：

____

车辆外观检查

凹凸 □　划痕 □　石击 □　油漆 □

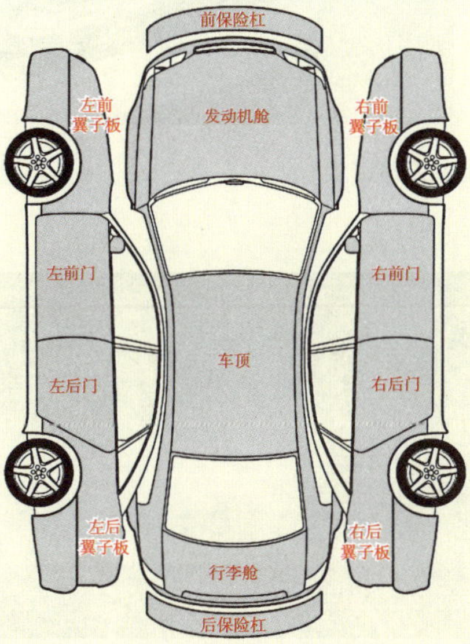

车辆内饰检查

污渍 □　破损 □　色斑 □　变形 □

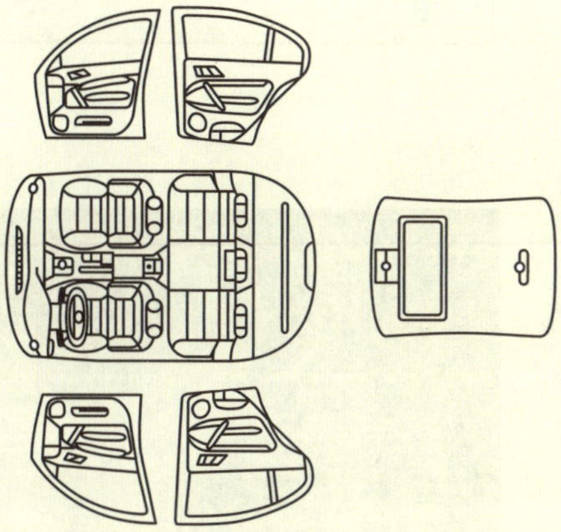

明确具体工作任务

____

任务目标

- 能够熟练地对汽车静态转向灯故障进行诊断与维修

续表

任务内容	● 汽车静态转向灯系统的组成、作用及打开方式 ● 汽车静态转向灯故障的检查方法
任务重点	● 汽车静态转向灯故障的检查方法

一、知识讲解

（一）静态转向灯系统组成

静态转向灯（见图 3–1）系统主要由车载电网控制单元、前照灯开关、转向灯开关、转向柱组合开关、转向柱电子装置控制单元、左右静态转向灯等部件组成。

（二）静态转向灯的作用

静态转向灯和前雾灯并排排列，当汽车在夜间低速行驶和原地转向时，静态转向灯会自动打开，照亮车近前的位置，增大照明范围，缩小盲区，如图 3–2 所示。

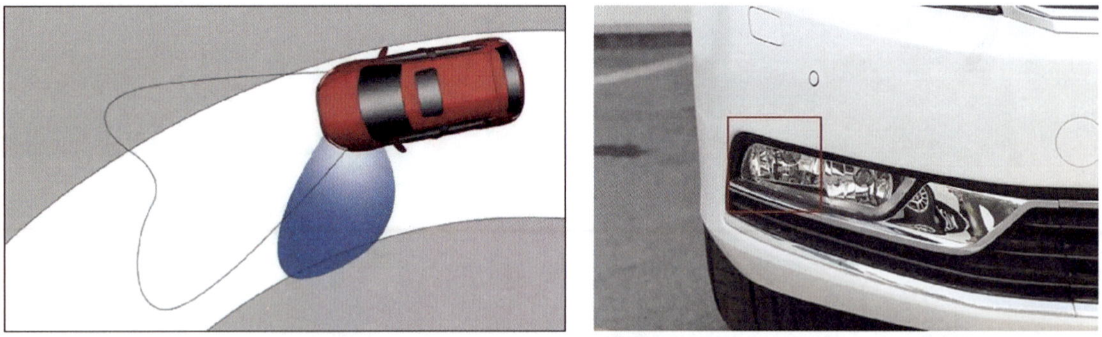

图 3–1　静态转向灯

图 3–2　静态转向灯照明范围

（三）静态转向灯的打开方式

静态转向灯的打开方式有两种：

1. 在打开示廓灯及近光灯的前提下，转动转向盘超过 15°。

2. 在打开示廓灯及近光灯的前提下，拨动左转向灯开关或右转向灯开关。

（四）车载电网系统中静态转向灯电路故障的检查方法

当车载电网系统中某个元件出现故障时，可先通过车载电网系统进行故障码查询，根据故障码的提示检查相关故障线路或故障部位。

车载电网系统中静态转向灯电路故障的检查方法如下：

1. 故障确认。

2. 使用诊断仪读取故障码。

3. 使用诊断仪元件测试功能对静态转向灯进行动作测试，检查能否成功点亮。

4. 如果不能成功点亮，检查车载电网控制单元 J519 到静态转向灯的线路（见图 3-3）是否正常，检查灯泡是否损坏。

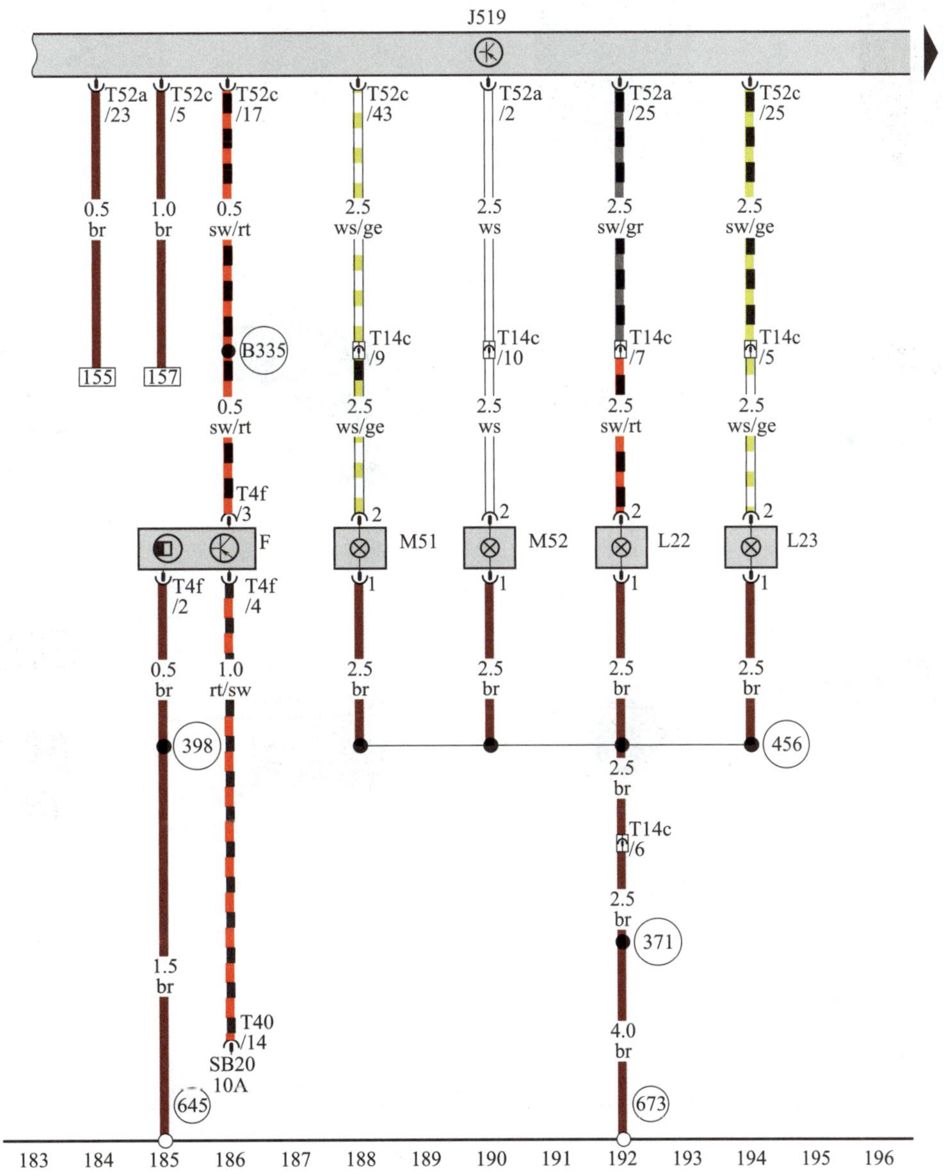

图 3-3 车载电网控制单元 J519 到静态转向灯的线路

5. 如果能点亮，使用诊断仪读取转向柱组合开关、转向盘转动角度等数据流。

6. 检查转向柱组合开关、转向柱电子装置控制单元 J527 插接器和线束是否正常，检查转向柱电子装置控制单元 J527 至车载电网控制单元 J519 线束（CAN 数据总线）是否正常。

7. 如果线束正常，且在满足基本条件的情况下，诊断仪执行动作测试后车载电网控制单元 J519 没有发出相应电压信号，则更换车载电网控制单元 J519。

二、任务准备

选出完成本任务所需的工具、设备、资料等。

	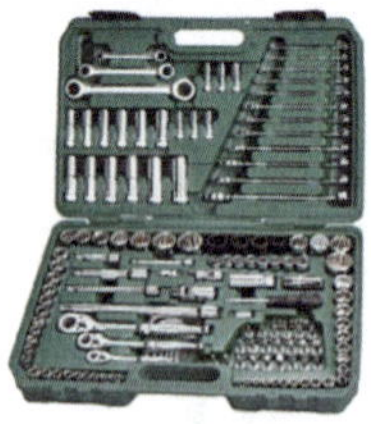	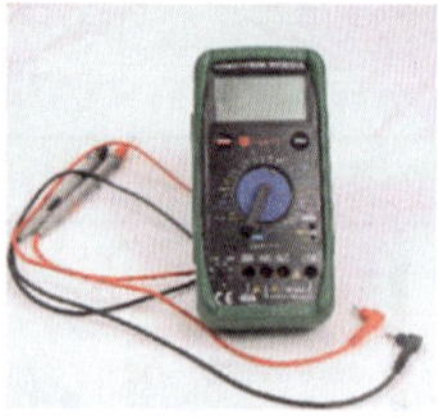	
工具车	常用工具套装	万用表	二极管试灯

诊断仪	护目镜	前照灯开关	静态转向灯灯泡

熔丝	转向柱组合开关	实训车辆	维修手册

三、防护措施

1. 进入车间应穿工鞋，戴工帽；工作服应整洁，无破损；操作时不可戴手表等金属饰品，以防划伤车辆表面。

2. 维修操作前应铺设三件套及翼子板布，发动机启动前应确保其他人员远离车辆。

3. 更换油液或配件时应处理好油液和配件的回收清理工作，以免对工作环境造成污染。

4. 任何时间操作电气设备时都应注意用电安全，作业结束后，应及时切断用电设备的电源。

5. 灯座区域内照明系统的控制单元、插头或部件带有致命的高电压，在对前照灯系统进行操作时，必须确保所有部件不带电，包括关闭前照灯后必须消除剩余电压。

6. 应避免直视光束，否则会损伤视力。

7. 操作过程中应做到油品、工具、配件三不落地，作业完毕应及时清理车间工作场地，做到现场5S 管理。

四、任务分配（见表 3-1）

表 3-1 任务分配表

职务	代码	姓名	工作内容
组长	A		监督、管理组员工作
组员	B		准备实训所需车辆及零配件
	C		
	D		准备实训所需工具及维修手册
	E		

五、任务实施

（一）操作流程

完成下面工作内容的排序并填写在表 3-2 中。

表 3-2 静态转向灯故障诊断与维修操作步骤

项目	步骤	工作内容
安全防护与准备工作		打开驾驶员侧车门，铺设三件套
		打开发动机舱盖，铺设翼子板布
故障验证		使用诊断仪读取车辆故障码
		打开点火开关，操作转向灯开关并转动转向盘，观察静态转向灯是否正常点亮
诊断仪检测		进入“引导性诊断故障查询”，依次选择“品牌”“车型”“年款”“发动机型号”，按下“转到”键，选取“部件 / 功能选择”，选择“底盘→电气系统→具有自诊断功能的系统→车载电网控制单元→电气部件→左转向灯（静态）–M51”，手动控制点亮左侧静态转向灯。若左侧静态转向灯可正常点亮，则车载电网控制单元、左侧静态转向灯电源及搭铁均正常，检查转角传感器、转向柱电子装置控制单元及 CAN 数据总线；若左侧静态转向灯不能点亮，则检查车载电网控制单元、左侧静态转向灯电源及搭铁
		在左侧转向灯正常状态下，若左侧静态转向灯出现故障，则连接诊断仪，进入“电子制动系统”，选择“测量值”，进入通道号 4，读取第 4 组第一区的数据流，此数据流为转向角度数据流。若此数据流正常，则转向柱电子装置控制单元、CAN 数据总线均正常，检查车载电网控制单元、左侧静态转向灯电源及搭铁；若不正常，则检查转向柱电子装置控制单元及 CAN 数据总线

续表

项目	步骤	工作内容
检查转向柱电子装置控制单元及CAN数据总线		检查熔丝SB9是否损坏，若熔丝损坏则更换，若熔丝正常则拆卸转向盘下部装饰壳，检查熔丝插脚至转向柱电子装置控制单元插接器T16o/1号端子间线束电阻值，若电阻值异常则检修线束，若线束正常则检查转向柱电子装置控制单元搭铁
		断开车载电网控制单元插接器C，分别检查转向柱电子装置控制单元T16o/3号端子至车载电网控制单元插接器T52c/16号端子、T16o/4号端子至T52c/15号端子间的线束电阻值，若电阻值异常则检修线束，若以上检查都正常，则转向柱电子装置控制单元损坏
		分别检查转向柱电子装置控制单元T16o/2号和T16o/6号端子至搭铁点间的电阻值，若电阻值异常则检修线束，若线束正常则检查CAN数据总线
检查车载电网控制单元及静态转向灯		拆卸前保险杠，断开左侧静态转向灯插接器，使用诊断仪控制左侧静态转向灯，测量左侧静态转向灯插接器2号端子是否有12 V电压。若有12 V电压，则检查静态转向灯搭铁；若无12 V电压，则检查车载电网控制单元
		测量车载电网控制单元插接器A的T52a/23、T52a/42号端子，插接器B的T52b/52号端子，插接器C的T52c/5、T52c/30号端子与搭铁点间的电阻值，若电阻值异常则检修该线束。若车载电网控制单元电源及搭铁均正常，则检查静态转向灯供电线束
		测量车载电网控制单元插接器T52c/43号端子至静态转向灯2号端子间线束电阻值，若电阻值异常则检修该线束，若线束正常则车载电网控制单元损坏
		测量左侧静态转向灯插接器1号端子至搭铁点间电阻值，若电阻值异常则检修该线束，若线束正常则灯泡损坏
		检查车载电网控制单元供电熔丝，检查发动机舱熔丝盒内熔丝SB5、SB25、SB26及车内驾驶员侧A柱熔丝盒内熔丝SC23、SC40。若熔丝损坏则更换熔丝；若熔丝正常则检查每个熔丝至车载电网控制单元的线束电阻值，若电阻值异常则检修该线束，若线束正常则检查搭铁
整理		撤去翼子板布及三件套，整理工具及现场卫生

（二）实施记录

结合实施过程，对照表3-3所列检查项目进行检查，并记录实际的检查结果。

表3-3　静态转向灯故障诊断与维修实施记录

序号	项目	故障检查	故障记录
1	安全防护与准备工作	打开驾驶员侧车门，铺设三件套 □ 打开发动机舱盖，铺设翼子板布 □	完成情况：
2	故障验证	近光灯 □　远光灯 □　雾灯 □　转向灯 □　静态转向灯 □ 读取车辆故障码：________________	检查出的故障：
3	静态转向灯故障检查	前照灯开关检查　□　动作测试情况　□　静态转向灯灯泡检查 □ 前照灯总成电源、搭铁、熔丝检查 □ 车载电网控制单元J519电源、搭铁、熔丝检查 □ 检查车载电网控制单元J519与转向柱电子装置控制单元之间的连接是否正常 □ 故障记录：________________ ________________	检查出的故障：

续表

序号	项目	故障检查	故障记录
4	其他		检查出的故障：
5	整理	撤去翼子板布及三件套 □ 整理工具及现场卫生 □	完成情况：
根据任务实施流程和故障排除过程，总结静态转向灯故障排除思路，并填写在下面： 1. ____ 2. ____ 3. ____ 4. ____ 5. ____ 6. ____			

六、检查

（一）自检

结合本组任务操作过程，对任务执行过程中的操作规范性进行检查，检查操作过程中是否存在以下问题，分析讨论应如何避免并总结规范的操作方法（见表 3–4）。

表 3–4 自检

检查项目	结果
车辆停放位置是否合适，是否将变速器置于空挡并拉紧驻车制动器	是 □ 否 □
是否使用三件套对车辆进行防护	是 □ 否 □
故障是否确认	是 □ 否 □
车载电网控制单元读取故障码是否正常	是 □ 否 □
车载电网控制单元故障是否排除	是 □ 否 □
车载电网系统静态转向灯是否有故障码	是 □ 否 □
车载电网系统静态转向灯故障是否排除	是 □ 否 □
工作场地是否清洁，车辆是否复位	是 □ 否 □

（二）互检

组与组之间相互进行任务操作过程及结果检查，并把检查结果填写在表 3–5 中。

表 3-5　互检

检查项目	结果
车辆停放位置是否合适，是否将变速器置于空挡并拉紧驻车制动器	是 □　否 □
是否使用三件套对车辆进行防护	是 □　否 □
故障是否确认	是 □　否 □
车载电网控制单元读取故障码是否正常	是 □　否 □
车载电网控制单元故障是否排除	是 □　否 □
车载电网系统静态转向灯是否有故障码	是 □　否 □
车载电网系统静态转向灯故障是否排除	是 □　否 □
工作场地是否清洁，车辆是否复位	是 □　否 □

七、课堂小结

情境二

车辆舒适系统检修

任务四　天窗故障诊断与维修

天窗故障诊断与维修任务工单

客户信息	客户姓名		联系电话		接单日期	
车辆信息	车辆品牌		出厂日期		特殊配置	
	车辆年款		车身颜色			

故障信息

灯光系统故障 □	静态转向灯故障 □	天窗故障 □
自动雨刮故障 □	电动座椅故障 □	电动车窗、电动后视镜故障 □
无钥匙进入系统故障 □	无钥匙启动系统故障 □	车载逆变器故障 □
安全气囊系统故障 □	其他 □	

客户描述：

车辆外观检查	车辆内饰检查
凹凸 □ 划痕 □ 石击 □ 油漆 □	污渍 □ 破损 □ 色斑 □ 变形 □

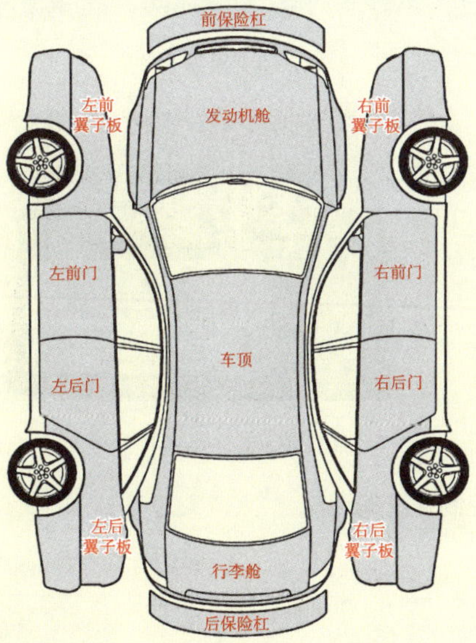

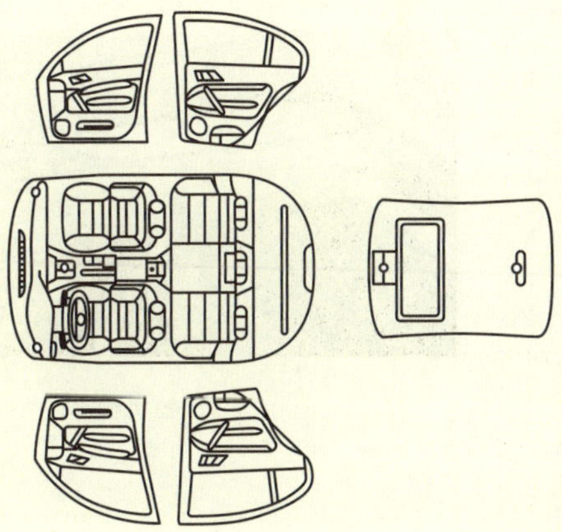

明确具体工作任务

任务目标

- 能够熟练地对汽车天窗控制系统故障进行诊断与维修

续表

任务内容	● 天窗控制系统的组成、功能等 ● 天窗控制系统故障的检查方法 ● 滑动天窗系统的基本设定方法
任务重点	● 天窗控制系统故障的检查方法

一、知识讲解

（一）天窗控制系统简介

1. 天窗控制系统的组成

大众迈腾轿车的天窗控制系统主要由天窗控制单元、天窗开关（含天窗按钮和天窗调节器）、天窗电动机、天窗机械部件、舒适系统中央控制单元等组成，如图 4–1 所示。

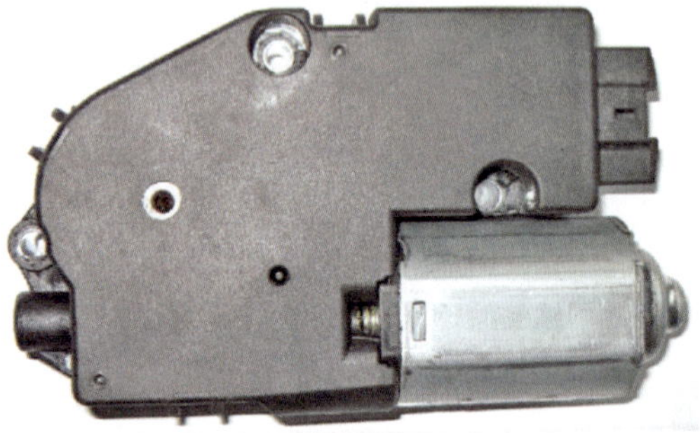

a）天窗控制单元和天窗电动机

b）天窗开关

c）天窗机械部件

d）舒适系统中央控制单元

图 4–1　天窗控制系统的组成

2. 天窗的功能

天窗的作用是利用汽车行驶时气流在车顶快速流动造成的车外负压，将车内污浊的空气从天窗抽出，使新鲜空气从进气口补充进入，从而保证车内良好的通风换气。天窗的打开形式主要有上翘和开启两种。

（1）天窗自身开启或关闭功能

天窗自身开启或关闭功能是通过操作天窗按钮和天窗调节器发出信号给天窗控制单元，天窗控制单元控制天窗电动机动作完成相关指令。天窗开关及其控制电路如图 4–2 所示。

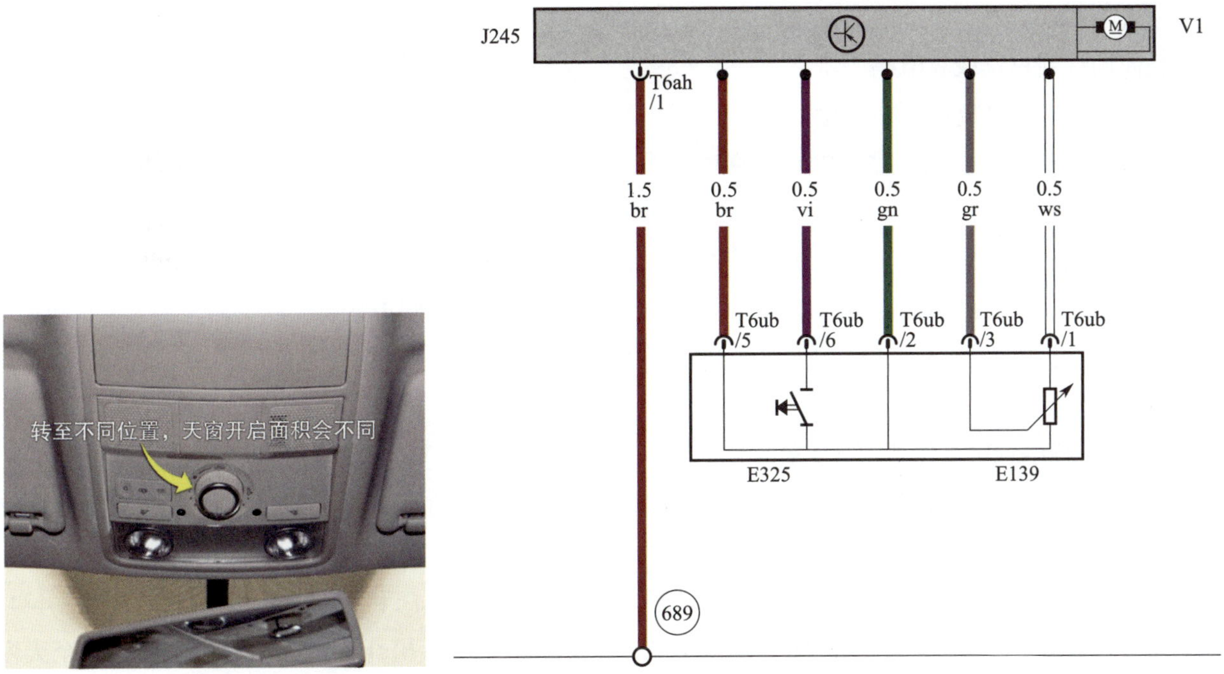

图 4-2 天窗开关及其控制电路

（2）天窗的雨天关闭功能和锁车一键关闭功能

天窗的雨天关闭功能和锁车一键关闭功能是由舒适系统中央控制单元给天窗控制单元发出相关指令，使天窗电动机动作。天窗的雨天控制电路如图 4–3 所示。

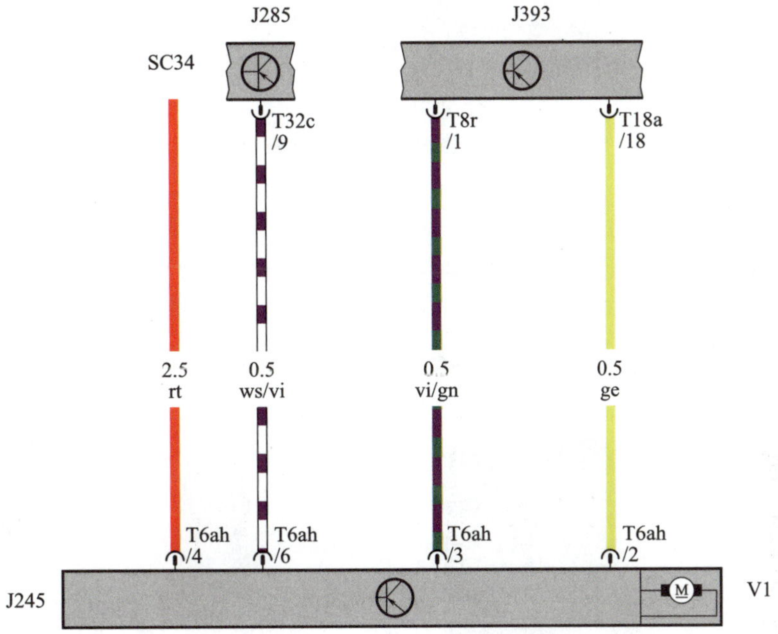

图 4-3 天窗的雨天控制电路

（二）天窗控制系统故障的检查方法

天窗控制系统故障的检查方法如下：

1. 故障确认。

2. 使用诊断仪读取故障码。

3. 对天窗控制系统进行初始化。

4. 检查天窗导轨、天窗控制单元电源和搭铁、天窗按钮和天窗调节器是否正常，检查天窗电动机工作是否正常。

5. 如果以上检查均正常，且在满足基本条件的情况下，天窗按钮和天窗调节器发出相应信号，但天窗控制单元没有发出驱动天窗电动机工作的指令，则更换天窗控制单元。

6. 如天窗控制系统工作正常，但天窗的雨天关闭功能和锁车一键关闭功能异常，需要查询和匹配舒适系统编码。

（三）滑动天窗系统基本设定方法

为了确保滑动天窗正常运行，在拆卸并重新安装或更换滑动天窗驱动装置后，必须重新进行初始化。

大众迈腾轿车天窗的初始化方法如下：打开点火开关，关闭车门和天窗，将天窗开关（见图 4–4）后部往下按并保持 25 ~ 30 s，天窗向上翘起至最大位置抖动一下，松开天窗开关后再次按住直至天窗向下关闭，然后向前、向后完成所有动作后初始化成功结束。

图 4–4　天窗开关

二、任务准备

选出完成本任务所需的工具、设备、资料等。

		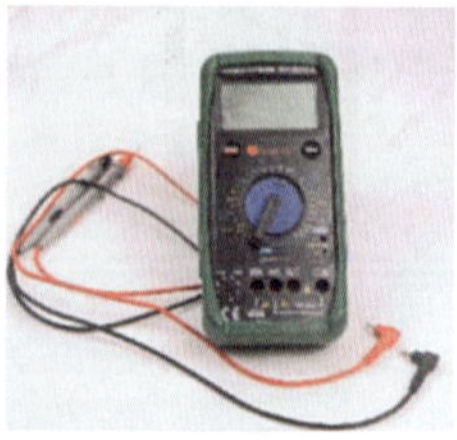	
工具车	常用工具套装	万用表	二极管试灯

	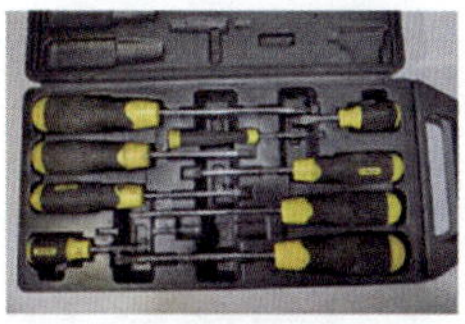		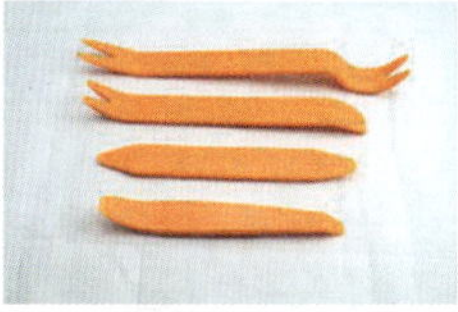
诊断仪	旋具套装	三件套	内饰撬板套装
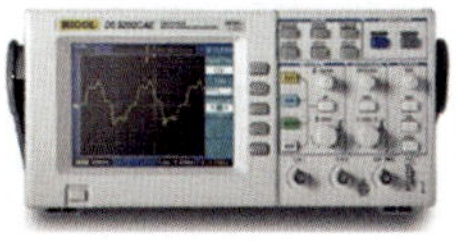			
示波器	抹布	天窗开关	熔丝

实训车辆		维修手册	

三、防护措施

1. 进入车间应穿工鞋，戴工帽；工作服应整洁，无破损；操作时不可戴手表等金属饰品，以防划伤车辆表面。

2. 维修操作前应铺设三件套及翼子板布，发动机启动前应确保其他人员远离车辆。

3. 更换油液或配件时应处理好油液和配件的回收清理工作，以免对工作环境造成污染。

4. 任何时间操作电气设备时都应注意用电安全，作业结束后，应及时切断用电设备的电源。

5. 操作过程中应做到油品、工具、配件三不落地，作业完毕应及时清理车间工作场地，做到现场5S 管理。

四、任务分配（见表 4-1）

表 4-1 任务分配表

职务	代码	姓名	工作内容
组长	A		监督、管理组员工作
组员	B		准备实训所需车辆及零配件
	C		

续表

职务	代码	姓名	工作内容
组员	D		准备实训所需工具及维修手册
	E		

五、任务实施

（一）操作流程

完成下面工作内容的排序并填写在表 4–2 中。

表 4–2　天窗故障诊断与维修操作步骤

项目	序号	工作内容
安全防护与准备工作		打开驾驶员侧车门，铺设三件套
		打开发动机舱盖，铺设翼子板布
故障验证		先打开点火开关，再打开天窗开关，观察天窗能否正常打开，如不能打开，则存在故障
		使用诊断仪读取车辆故障码
检查天窗控制单元电源和搭铁		拆卸仪表板左侧盖板，使用万用表检查熔丝 SC34 是否正常
		拆卸天窗电动机插接器，测量插接器 T6ah/4 号端子的电压，正常应为 12 V
		使用万用表电阻挡测量 T6ah/1 号端子到搭铁之间线束的电阻值，正常应小于 1 Ω
		使用万用表检查熔丝 SC34 处是否有 12 V 电压
		使用撬板拆卸内饰灯固定螺钉盖板，并拆卸眼镜盒，使用旋具拆卸内饰灯固定螺钉，拆卸内饰灯
拆卸并测量天窗开关电阻值		拆卸天窗开关
		测量天窗开关各挡位的电阻值
		若以上测量结果均正常，则天窗电动机损坏，应更换
更换天窗电动机		安装新天窗电动机（注意安装位置）及其插接器
		使用旋具拆卸天窗电动机固定螺钉，并取下天窗电动机
天窗初始化		松开并再次按住天窗开关，此时天窗将下落并关闭，之后进行一次天窗开启、关闭循环后，天窗初始化完成
		安装内饰灯固定架、内饰灯及眼镜盒
		打开点火开关，拨动天窗开关至强制位置处并保持 25 ~ 30 s，天窗开启并翘起到最大位置
整理		撤去翼子板布及三件套，整理工具及现场卫生

（二）实施记录

结合实施过程，对照表 4–3 所列检查项目进行检查，并记录实际的检查结果。

表 4–3 天窗故障诊断与维修实施记录

序号	检查项目	故障检查	故障记录
1	安全防护与准备工作	打开驾驶员侧车门，铺设三件套 □ 打开发动机舱盖，铺设翼子板布 □	完成情况：
2	故障验证与基础检查	蓄电池电压：________ V 电动机不工作 □ 天窗移动异响 □ 电动机正常，天窗不移动 □ 损坏的熔丝：SC34 □ SC30 □	检查出的故障：
3	电动天窗故障自诊断	正确连接诊断仪 □ 不能进入自诊断 □ 可以进入自诊断 □ 诊断插座 U31 检查 □ 相关熔丝检查 □ 网关 J533 检查 □ 舒适系统中央控制单元 J393 电源、搭铁、熔丝检查 □ 网关 J533 电源、搭铁、熔丝检查 □ 检查诊断插座 U31 与网关 J533 之间的 CAN 数据总线连接是否正常 □ 电动天窗 CAN 数据总线波形异常 □ 读取故障码：有故障码 □ 无故障码 □ 读取天窗开关数据流：有天窗开关信号 □ 无天窗开关信号 □ 故障码记录：________________________________ ________________________________	检查出的故障：
4	电动天窗控制电路检查	检查控制单元 J245：工作电源正常 □ 工作电源不正常 □ 搭铁良好 □ 搭铁故障 □ 检查控制单元 J245 与 E139、E325 之间的数据总线：线路良好 □ 线路故障 □ 检查控制单元 J245 与 J393 之间的数据总线：线路良好 □ 线路故障 □ 天窗开关检查：正常 □ 故障 □ 控制单元 J245 检查：良好 □ 损坏 □	检查出的故障：
5	其他		检查出的故障：
6	整理	撤去翼子板布及三件套 □ 整理工具及现场卫生 □	完成情况：

根据任务实施流程和故障排除过程，总结天窗故障排除思路，并填写在下面：

1. ________________________________

2. ________________________________

3. ________________________________

4. ________________________________

5. ________________________________

6. ________________________________

六、检查

（一）自检

结合本组任务操作过程，对任务执行过程中的操作规范性进行检查，检查操作过程中是否存在以下问题，分析讨论应如何避免并总结规范的操作方法（见表 4–4）。

表 4–4 自检

检查项目	结果
车辆停放位置是否合适，是否将变速器置于空挡并拉紧驻车制动器	是 □ 否 □
是否使用三件套对车辆进行防护	是 □ 否 □
故障是否确认	是 □ 否 □
天窗控制数据总线波形是否正常	是 □ 否 □
开关数据流（测量值）是否正确	是 □ 否 □
天窗控制单元、天窗开关、熔丝是否损坏	是 □ 否 □
天窗工作不正常故障是否排除	是 □ 否 □
工作场地是否清洁，车辆是否复位	是 □ 否 □

（二）互检

组与组之间相互进行任务操作过程及结果检查，并把检查结果填写在表 4–5 中。

表 4–5 互检

检查项目	结果
车辆停放位置是否合适，是否将变速器置于空挡并拉紧驻车制动器	是 □ 否 □
是否使用三件套对车辆进行防护	是 □ 否 □
故障是否确认	是 □ 否 □
天窗控制数据总线波形是否正常	是 □ 否 □
开关数据流（测量值）是否正确	是 □ 否 □
天窗控制单元、天窗开关、熔丝是否损坏	是 □ 否 □
天窗工作不正常故障是否排除	是 □ 否 □
工作场地是否清洁，车辆是否复位	是 □ 否 □

七、课堂小结

任务五　自动雨刮故障诊断与维修（一）

自动雨刮故障诊断与维修任务工单——故障诊断						
客户信息	客户姓名		联系电话		接单日期	
车辆信息	车辆品牌		出厂日期		特殊配置	
	车辆年款		车身颜色			

故障信息			
故障信息	灯光系统故障 □	静态转向灯故障 □	天窗故障 □
	自动雨刮故障 □	电动座椅故障 □	电动车窗、电动后视镜故障 □
	无钥匙进入系统故障 □	无钥匙启动系统故障 □	车载逆变器故障 □
	安全气囊系统故障 □	其他 □	
	客户描述：		

车辆外观检查		车辆内饰检查	
凹凸 □	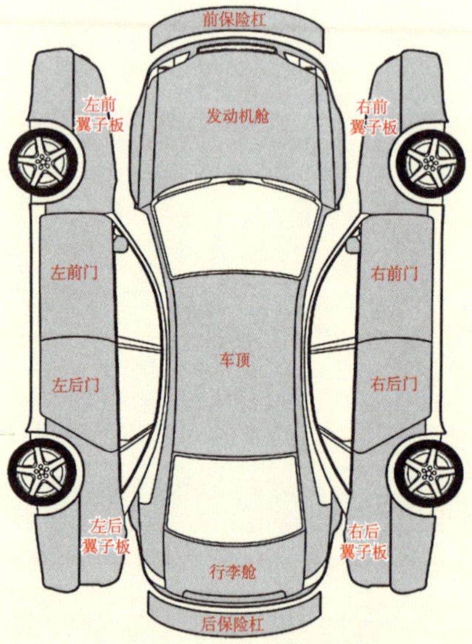	污渍 □	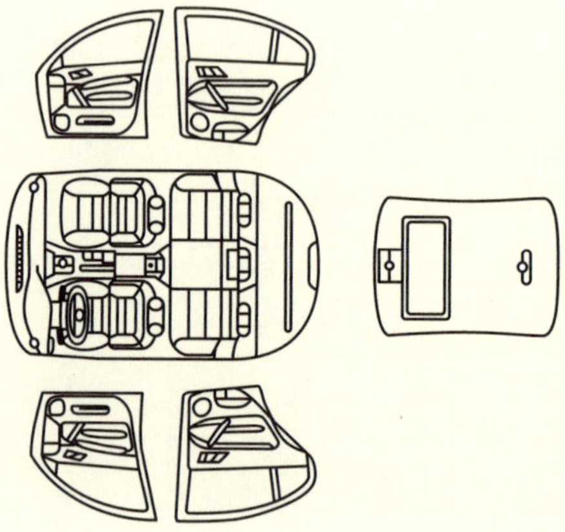
划痕 □		破损 □	
石击 □		色斑 □	
油漆 □		变形 □	

明确具体工作任务	

任务目标

- 能够熟练地对汽车自动雨刮故障进行诊断与维修

续表

任务内容	● 传统雨刮系统组成 ● 自动雨刮电路组成与控制原理 ● 自动雨刮故障诊断流程
任务重点	● 自动雨刮电路组成与控制原理 ● 自动雨刮故障诊断流程

一、知识讲解

（一）传统雨刮系统组成

传统雨刮系统由熔丝、雨刮开关、雨刮继电器、雨刮电动机等组成，如图 5-1 所示。雨刮各挡位的控制都由雨刮开关和雨刮继电器配合完成。

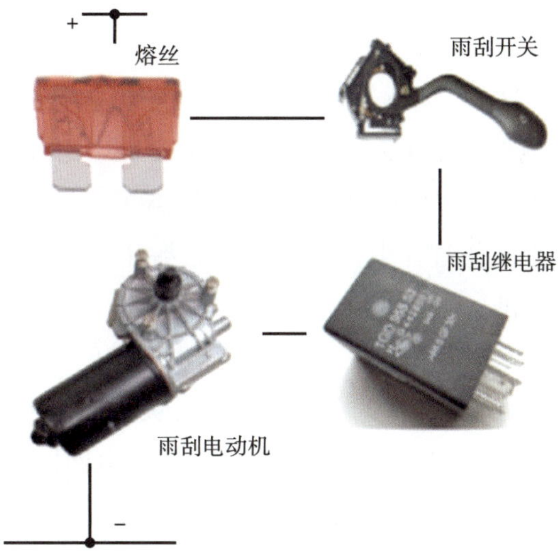

图 5-1　传统雨刮系统组成

（二）自动雨刮电路组成与控制原理

1. 带车载电网控制单元的雨刮控制电路组成

在带有车载电网控制单元的车辆上，雨刮控制电路主要由雨刮开关、雨刮电动机控制单元 J400、车载电网控制单元 J519、转向柱电子装置控制单元 J527、雨量和光照识别传感器 G397、发动机舱盖接触开关 F266 等组成，如图 5-2 所示。

2. 雨刮电路控制原理

打开点火开关后，雨刮开关通过转向柱电子装置控制单元 J527 上的 CAN 数据总线，向车载电网控制单元 J519 传输雨刮开关状态信号，车载电网控制单元 J519 识别到雨刮开关的状态信号后，通过 LIN 数据总线向雨刮电动机控制单元 J400 发送操作指令，使其完成相关的间歇、低速、高速刮水动作。

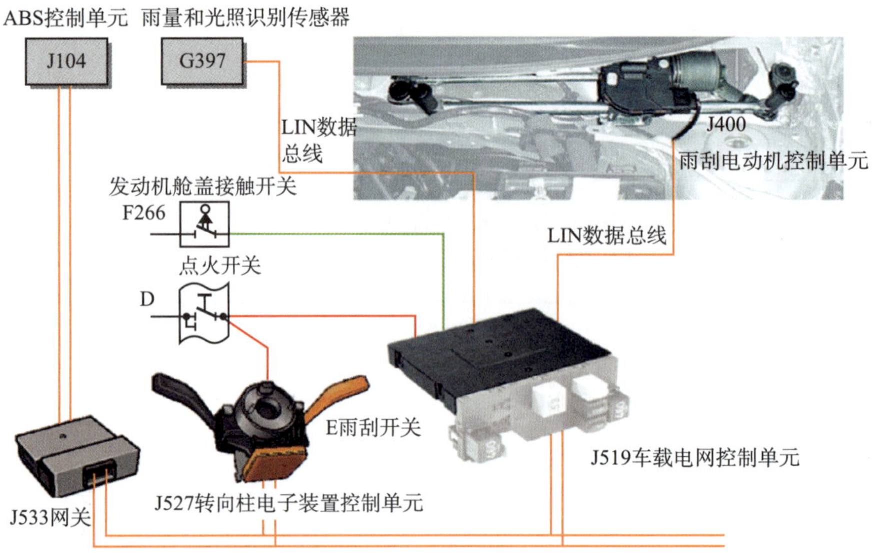

图 5-2　带车载电网控制单元的雨刮控制电路组成

3. 雨刮的自动控制

打开点火开关并将雨刮开关放在“间歇”位置时，自动雨刮系统的雨量和光照识别传感器被激活，传感器将信号通过 LIN 数据总线传递至车载电网控制单元 J519；此时，车载电网控制单元 J519 根据来自雨量和光照识别传感器的信号，判断雨量大小，并根据车速信号通过 LIN 数据总线发送指令控制雨刮电动机的运转速度。整个工作过程中，车速信号主要由 ABS 控制单元 J104，通过网关 J533 与 CAN 数据总线向车载电网系统提供。

4. 雨刮风窗清洗控制

当沿转向盘轴线方向向上拨动雨刮开关时，雨刮喷水开关闭合，转向柱电子装置控制单元 J527 将此信号通过 CAN 数据总线传递至车载电网控制单元 J519，车载电网控制单元 J519 向风窗清洗泵供电，使其运转，同时向雨刮电动机控制单元 J400 发送刮水指令，雨刮运转 2～3 次。

5. 雨刮控制系统的保护控制

发动机舱盖打开时，发动机舱盖接触开关会将发动机舱盖打开的信号传递给车载电网控制单元 J519，此时，车载电网控制单元 J519 将会终止雨刮电动机的动作。即无论雨刮开关处于什么位置，雨刮都不工作。此外，发动机舱盖接触线路短路也会导致此现象的发生。

（三）自动雨刮故障诊断流程

1. 具体流程

（1）验证故障现象，并使用诊断仪分别查询转向柱电子装置控制单元与车载电网控制单元内有无相关故障码。

（2）若查询到故障码，应根据故障码内容对相关电气元件进行检查或检修。

（3）若系统中无任何故障码，则应检查相应机械装置有无损坏，或检查发动机舱盖接触线路有无故障等。

2. 雨刮系统故障诊断树（见图 5-3）

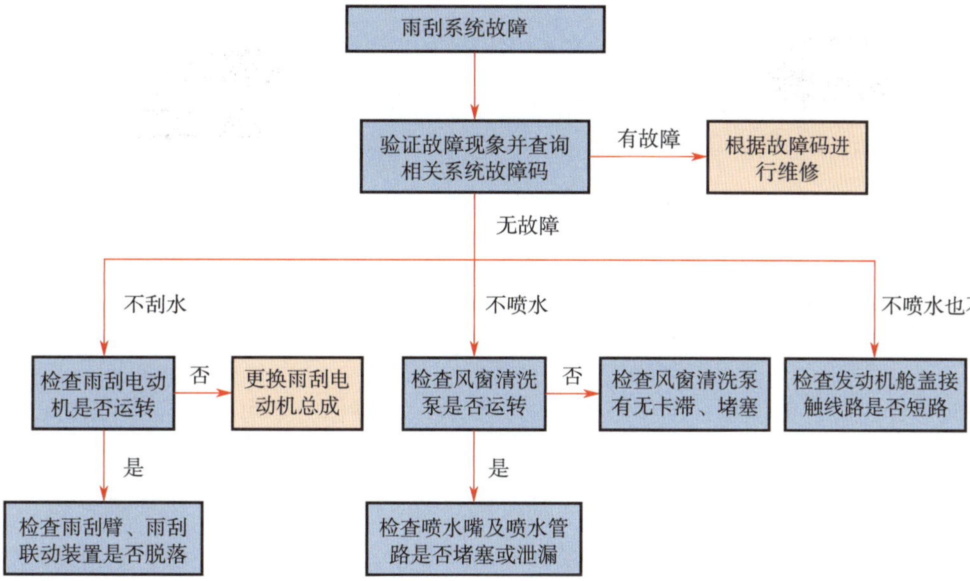

图 5-3　雨刮系统故障诊断树

（四）雨刮“保养 / 冬季位置”的激活与回位

在点火开关关闭后 10 s 内，将雨刮操纵杆拨到“点动刮水”位置，则激活“保养 / 冬季位置”。重新打开点火开关，再次拨动雨刮开关或车速大于 2 km/h 时，雨刮自动回位。

二、任务准备

选出完成本任务所需的工具、设备、资料等。

	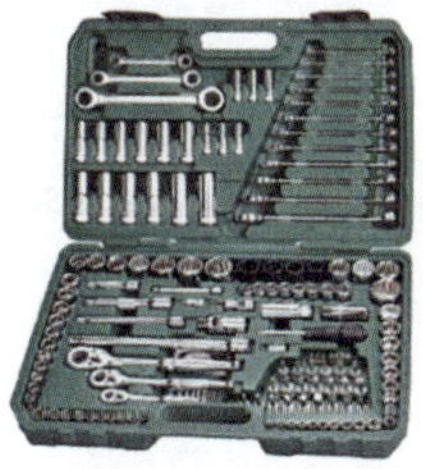	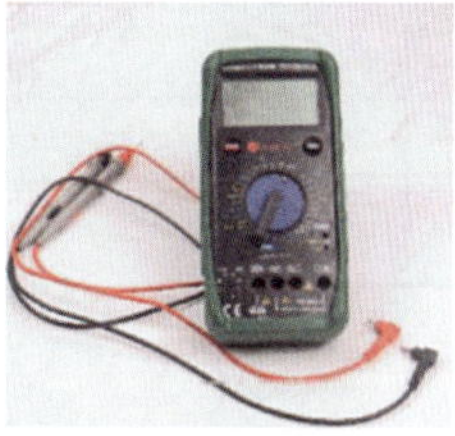	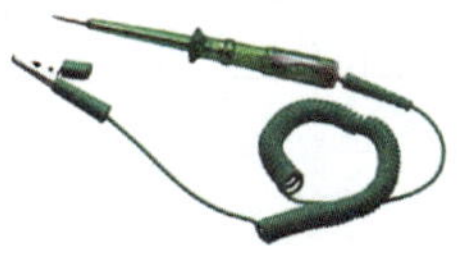
工具车	常用工具套装	万用表	二极管试灯
	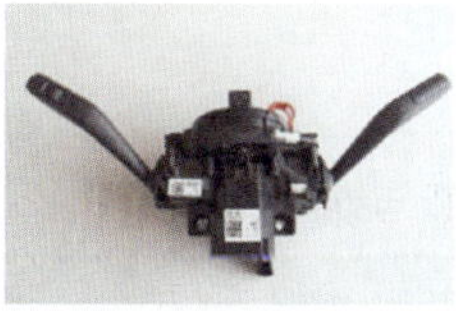		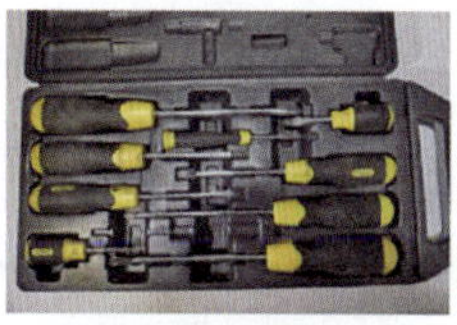
诊断仪	转向柱组合开关	熔丝	旋具套装

实训车辆	维修手册

三、防护措施

1. 进入车间应穿工鞋，戴工帽；工作服应整洁，无破损；操作时不可戴手表等金属饰品，以防划伤车辆表面。

2. 维修操作前应铺设三件套及翼子板布，发动机启动前应确保其他人员远离车辆。

3. 更换油液或配件时应处理好油液和配件的回收清理工作，以免对工作环境造成污染。

4. 任何时间操作电气设备时都应注意用电安全，作业结束后，应及时切断用电设备的电源。

5. 操作过程中应做到油品、工具、配件三不落地，作业完毕应及时清理车间工作场地，做到现场 5S 管理。

四、任务分配（见表 5-1）

表 5-1　任务分配表

职务	代码	姓名	工作内容
组长	A		监督、管理组员工作
组员	B		准备实训所需车辆及零配件
	C		
	D		准备实训所需工具及维修手册
	E		

五、任务实施

（一）操作流程

完成下面工作内容的排序并填写在表 5-2 中。

表 5-2　自动雨刮故障诊断与维修操作步骤

项目	序号	工作内容
安全防护与准备工作		打开驾驶员侧车门，铺设三件套
		打开发动机舱盖，铺设翼子板布

续表

项目	序号	工作内容
故障验证		打开点火开关，检查发动机舱盖是否关闭（仪表指示），将雨刮开关拨至 1 挡，若雨刮不动，则存在故障
		使用诊断仪读取车辆故障码
检查雨刮电动机线束		打开发动机舱左侧熔丝盒盖，检查熔丝 SB22 是否熔断；检查熔丝 SB22 处电压，正常应为 12 V
		使用万用表测量雨刮电动机插接器 T4k/2 号端子到搭铁之间线束的电阻值，正常应小于 1 Ω
		拆卸前部雨刮及流水槽盖板，拔下雨刮电动机插接器
		使用万用表测量雨刮电动机插接器 T4k/1 处电压，正常应为 12 V
		拆卸车载电网控制单元 J519 的 B 号插接器，使用万用表测量雨刮电动机 T4k/4 号端子到 J519 的 T52b/33 号端子之间线束的电阻值，正常应小于 1 Ω
检查雨刮开关		连接诊断仪，进入“转向柱电子装置控制单元”→“测量值”，读取雨刮开关的输入信号，选取“前部雨刮”“清洗装置”，打开雨刮开关，读取开关位置信号。如果没有开关位置信号，则进行下一步检查
		依次拆卸安全气囊及转向盘、转向柱盖板、安全气囊插接器及转向柱电子装置控制单元插接器，拆卸转向柱组合开关固定螺栓，然后拆卸转向柱组合开关
		使用万用表测量雨刮开关各挡位的电阻值（参照表 5-3）
检查 J519 输入信号及执行“作动器诊断”		进入“引导性功能”，选取“FAW-VW”，然后根据车辆的实际情况选择合适的车型，进入“车载电网控制单元”，读取转向柱组合开关信号测量值，打开雨刮开关，测量值应显示雨刮开关的相应位置
		打开雨刮开关，测量雨刮电动机插接器 T4k/4 处电压（注意应带负载测量，测量时关闭发动机舱盖），若电压正常，则雨刮电动机损坏，需更换
		执行车辆自诊断，进入“车载电网控制单元”→“作动器诊断”，执行雨刮电动机的诊断，雨刮电动机应正常工作
更换雨刮电动机		拆卸雨刮电动机插接器
		拆卸雨刮电动机及其支架固定螺栓
		更换雨刮电动机及其支架
整理		安装拆卸的部件
		撤去三件套及翼子板布，整理工具及现场卫生

表 5-3 雨刮开关各挡位电阻值

挡位	电阻值 /Ω
关闭挡	约 808
点动挡	约 40
间歇挡	约 417
低速挡	约 237
高速挡	约 137

（二）实施记录

结合实施过程，对照表 5-4 所列检查项目进行检查，并记录实际的检查结果。

表 5-4 自动雨刮故障诊断与维修实施记录

序号	检查项目	故障检查	故障记录
1	安全防护与准备工作	打开驾驶员侧车门，铺设三件套 □ 打开发动机舱盖，铺设翼子板布 □	完成情况：
2	故障验证与基础检查	蓄电池电压：________V 雨刮电动机不工作 □ 喷水模式不工作 □ 雨刮电动机手动模式正常，自动模式不工作 □ 损坏的熔丝：SB22 □	检查出的故障：
3	自动雨刮故障自诊断	正确连接诊断仪 □ 不能进入自诊断 □ 可以进入自诊断 □ 诊断插座 U31 检查 □ 相关熔丝检查 □ 车载电网控制单元 J519 电源、搭铁、熔丝检查 □ 车载电网控制单元 J519 CAN 数据总线波形：正常 □ 错误 □ 读取故障码：有故障码 □ 无故障码 □ 读取雨刮开关数据流：有雨刮开关信号 □ 无雨刮开关信号 □ 故障码记录：________________________________ ____	检查出的故障：
4	自动雨刮控制电路检查	检查雨刮电动机：工作电源正常 □ 工作电源不正常 □ 搭铁良好 □ 搭铁故障 □ 检查车载电网控制单元 J519 到雨刮电动机之间的数据总线：线路良好 □ 线路故障 □ 检查雨量和光照识别传感器 G397 到车载电网控制单元 J519 之间的数据总线：线路良好 □ 线路故障 □ 雨刮开关检查：正常 □ 故障 □ 雨量和光照识别传感器 G397 检查：良好 □ 损坏 □	检查出的故障：
5	其他		检查出的故障：
6	整理	撤去翼子板布及三件套 □ 整理工具及现场卫生 □	完成情况：

根据任务实施流程和故障排除过程，总结自动雨刮故障排除思路，并填写在下面：

1. ____
2. ____
3. ____
4. ____
5. ____
6. ____

六、检查

（一）自检

结合本组任务操作过程，对任务执行过程中的操作规范性进行检查，检查操作过程中是否存在以下问题，分析讨论应如何避免并总结规范的操作方法（见表 5-5）。

表 5-5 自检

检查项目	结果
车辆停放位置是否合适，是否将变速器置于空挡并拉紧驻车制动器	是 □ 否 □
是否使用三件套对车辆进行防护	是 □ 否 □
故障是否确认	是 □ 否 □
故障点是否找到	是 □ 否 □
故障是否排除	是 □ 否 □
工作场地是否清洁，车辆是否复位	是 □ 否 □

（二）互检

组与组之间相互进行任务操作过程及结果检查，并把检查结果填写在表 5-6 中。

表 5-6 互检

检查项目	结果
车辆停放位置是否合适，是否将变速器置于空挡并拉紧驻车制动器	是 □ 否 □
是否使用三件套对车辆进行防护	是 □ 否 □
故障是否确认	是 □ 否 □
故障点是否找到	是 □ 否 □
故障是否排除	是 □ 否 □
工作场地是否清洁，车辆是否复位	是 □ 否 □

七、课堂小结

任务六　自动雨刮故障诊断与维修（二）

自动雨刮故障诊断与维修任务工单——故障检修					
客户信息	客户姓名		联系电话	接单日期	
车辆信息	车辆品牌		出厂日期	特殊配置	
	车辆年款		车身颜色		
故障信息	灯光系统故障 □	静态转向灯故障 □	天窗故障 □		
	自动雨刮故障 □	电动座椅故障 □	电动车窗、电动后视镜故障 □		
	无钥匙进入系统故障 □	无钥匙启动系统故障 □	车载逆变器故障 □		
	安全气囊系统故障 □	其他 □			
	客户描述：				

车辆外观检查

凹凸 □

划痕 □

石击 □

油漆 □

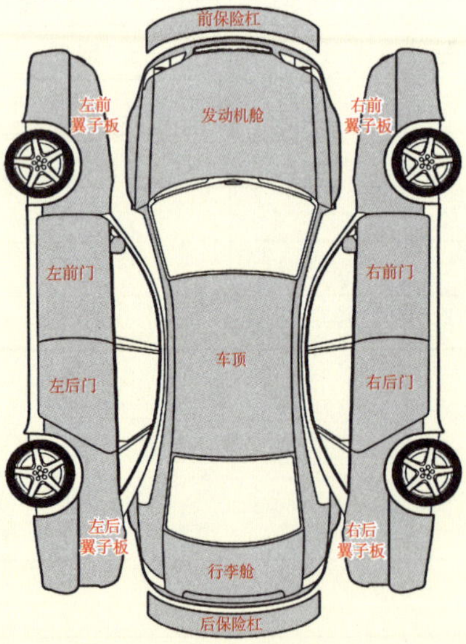

车辆内饰检查

污渍 □

破损 □

色斑 □

变形 □

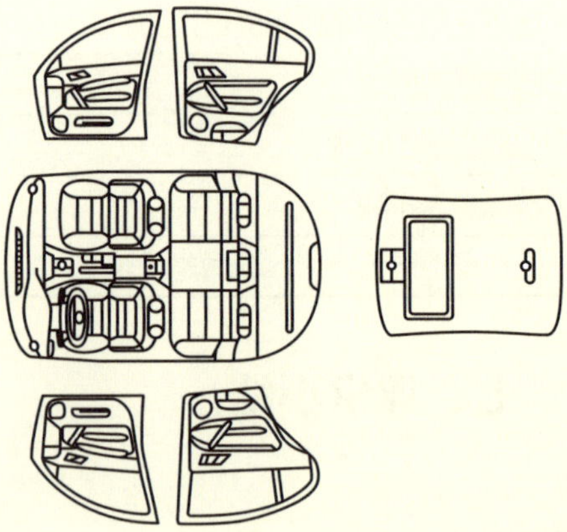

明确具体工作任务	

任务目标

- 能够熟练地对汽车自动雨刮故障进行诊断与维修

续表

任务内容	● 传统雨刮系统组成 ● 自动雨刮电路组成与控制原理 ● 自动雨刮故障诊断流程
任务重点	● 自动雨刮电路组成与控制原理 ● 自动雨刮故障诊断流程

一、任务准备

选出完成本任务所需的工具、设备、资料等。

	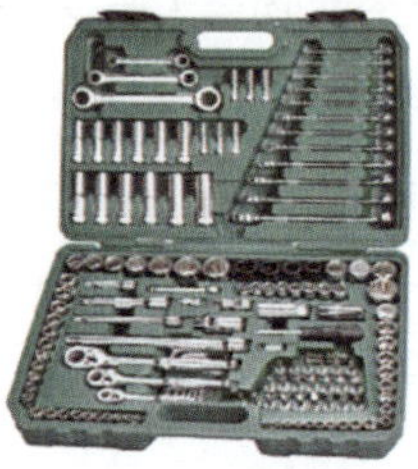	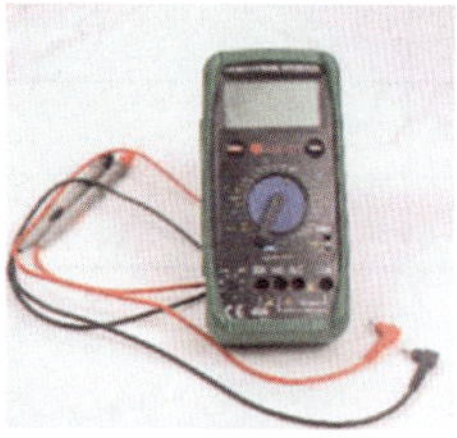	
工具车	常用工具套装	万用表	二极管试灯
	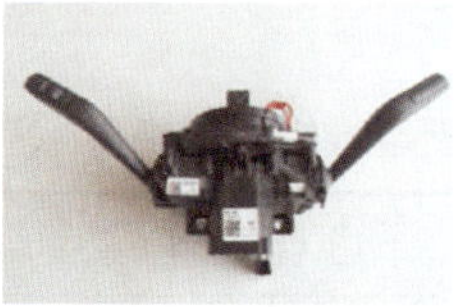		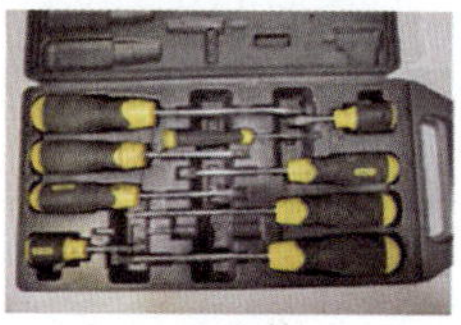
诊断仪	转向柱组合开关	熔丝	旋具套装

实训车辆		维修手册	

二、防护措施

1. 进入车间应穿工鞋，戴工帽；工作服应整洁，无破损；操作时不可戴手表等金属饰品，以防划伤车辆表面。

2. 维修操作前应铺设三件套及翼子板布，发动机启动前应确保其他人员远离车辆。

3. 更换油液或配件时应处理好油液和配件的回收清理工作，以免对工作环境造成污染。

4. 任何时间操作电气设备时都应注意用电安全，作业结束后，应及时切断用电设备的电源。

5. 操作过程中应做到油品、工具、配件三不落地，作业完毕应及时清理车间工作场地，做到现场 5S 管理。

三、任务分配（见表 6-1）

表 6-1　任务分配表

职务	代码	姓名	工作内容
组长	A		监督、管理组员工作
组员	B		准备实训所需车辆及零配件
	C		
	D		准备实训所需工具及维修手册
	E		

四、任务实施

（一）操作流程

完成下面工作内容的排序并填写在表 6-2 中。

表 6-2　自动雨刮故障诊断与维修操作步骤

项目	序号	工作内容
安全防护与准备工作		打开驾驶员侧车门，铺设三件套
		打开发动机舱盖，铺设翼子板布
故障验证		使用诊断仪读取车辆故障码
		打开点火开关，检查发动机舱盖是否关闭（仪表指示），将雨刮开关拨至 1 挡，若雨刮不动，则存在故障
检查雨刮电动机线束		打开发动机舱左侧熔丝盒盖，检查熔丝 SB22 是否熔断；检查熔丝 SB22 处电压，正常应为 12 V
		使用万用表测量雨刮电动机插接器 T4k/1 处电压，正常应为 12 V
		使用万用表测量雨刮电动机插接器 T4k/2 号端子到搭铁之间线束的电阻值，正常应小于 1 Ω
		拆卸前部雨刮及流水槽盖板，拔下雨刮电动机插接器
		拆卸车载电网控制单元 J519 的 B 号插接器，使用万用表测量雨刮电动机 T4k/4 号端子到 J519 的 T52b/33 号端子之间线束的电阻值，正常应小于 1 Ω
检查雨刮开关		连接诊断仪，进入“转向柱电子装置控制单元”→“测量值”，读取雨刮开关的输入信号，选取“前部雨刮”“清洗装置”，打开雨刮开关，读取开关位置信号。如果没有开关位置信号，则进行下一步检查

续表

项目	序号	工作内容
检查雨刮开关		依次拆卸安全气囊及转向盘、转向柱盖板、安全气囊插接器及转向柱电子装置控制单元插接器，拆卸转向柱组合开关固定螺栓，然后拆卸转向柱组合开关
		使用万用表测量雨刮开关各挡位的电阻值（参照表 6-3）
检查 J519 输入信号及执行“作动器诊断”		进入“引导性功能”，选取“FAW-VW”，然后根据车辆的实际情况选择合适的车型，进入“车载电网控制单元”，读取转向柱组合开关信号测量值，打开雨刮开关，测量值应显示雨刮开关的相应位置
		执行车辆自诊断，进入“车载电网控制单元”→“作动器诊断”，执行雨刮电动机的诊断，雨刮电动机应正常工作
		打开雨刮开关，测量雨刮电动机插接器 T4k/4 处电压（注意应带负载测量，测量时关闭发动机舱盖），若电压正常，则雨刮电动机损坏，需更换
更换雨刮电动机		拆卸雨刮电动机插接器
		拆卸雨刮电动机及其支架固定螺栓
		更换雨刮电动机及其支架
整理		安装拆卸的部件
		撤去三件套及翼子板布，整理工具及现场卫生

表 6-3 雨刮开关各挡位电阻值

挡位	电阻值 /Ω
关闭挡	约 808
点动挡	约 40
间歇挡	约 417
低速挡	约 237
高速挡	约 137

（二）实施记录

结合实施过程，对照表 6-4 所列检查项目进行检查，并记录实际的检查结果。

表 6-4 自动雨刮故障诊断与维修实施记录

序号	检查项目	故障检查	故障记录
1	安全防护与准备工作	打开驾驶员侧车门，铺设三件套 □ 打开发动机舱盖，铺设翼子板布 □	完成情况：
2	故障验证与基础检查	蓄电池电压：________ V 雨刮电动机不工作 □ 喷水模式不工作 □ 雨刮电动机手动模式正常，自动模式不工作 □ 损坏的熔丝：SB22 □	检查出的故障：

续表

序号	检查项目	故障检查	故障记录
3	自动雨刮故障自诊断	正确连接诊断仪 □ 不能进入自诊断 □ 可以进入自诊断 □ 诊断插座 U31 检查 □ 相关熔丝检查 □ 车载电网控制单元 J519 电源、搭铁、熔丝检查 □ 车载电网控制单元 J519 CAN 数据总线波形：正常 □ 错误 □ 读取故障码：有故障码 □ 无故障码 □ 读取雨刮开关数据流：有雨刮开关信号 □ 无雨刮开关信号 □ 故障码记录：____ ____	检查出的故障：
4	自动雨刮控制电路检查	检查雨刮电动机：工作电源正常 □ 工作电源不正常 □ 搭铁良好 □ 搭铁故障 □ 检查车载电网控制单元 J519 到雨刮电动机之间的数据总线：线路良好 □ 线路故障 □ 检查雨量和光照识别传感器 G397 到车载电网控制单元 J519 之间的数据总线：线路良好 □ 线路故障 □ 雨刮开关检查：正常 □ 故障 □ 雨量和光照识别传感器 G397 检查：良好 □ 损坏 □	检查出的故障：
5	其他		检查出的故障：
6	整理	撤去翼子板布及三件套 □ 整理工具及现场卫生 □	完成情况：
根据任务实施流程和故障排除过程，总结自动雨刮故障排除思路，并填写在下面： 1. ____ 2. ____ 3. ____ 4. ____ 5. ____ 6. ____			

五、检查

（一）自检

结合本组任务操作过程，对任务执行过程中的操作规范性进行检查，检查操作过程中是否存在以下问题，分析讨论应如何避免并总结规范的操作方法（见表 6–5）。

续表

表 6-5 自检

检查项目	结果
车辆停放位置是否合适，是否将变速器置于空挡并拉紧驻车制动器	是 □ 否 □
是否使用三件套对车辆进行防护	是 □ 否 □
故障是否确认	是 □ 否 □
故障点是否找到	是 □ 否 □
故障是否排除	是 □ 否 □
工作场地是否清洁，车辆是否复位	是 □ 否 □

（二）互检

组与组之间相互进行任务操作过程及结果检查，并把检查结果填写在表 6-6 中。

表 6-6 互检

检查项目	结果
车辆停放位置是否合适，是否将变速器置于空挡并拉紧驻车制动器	是 □ 否 □
是否使用三件套对车辆进行防护	是 □ 否 □
故障是否确认	是 □ 否 □
故障点是否找到	是 □ 否 □
故障是否排除	是 □ 否 □
工作场地是否清洁，车辆是否复位	是 □ 否 □

六、课堂小结

任务七　电动座椅故障诊断与维修（一）

电动座椅故障诊断与维修任务工单——故障诊断					
客户信息	客户姓名		联系电话	接单日期	
车辆信息	车辆品牌		出厂日期	特殊配置	
	车辆年款		车身颜色		
故障信息	灯光系统故障 □ 自动雨刮故障 □ 无钥匙进入系统故障 □ 安全气囊系统故障 □		静态转向灯故障 □ 电动座椅故障 □ 无钥匙启动系统故障 □ 其他 □	天窗故障 □ 电动车窗、电动后视镜故障 □ 车载逆变器故障 □	
	客户描述：				

车辆外观检查		车辆内饰检查	
凹凸 □	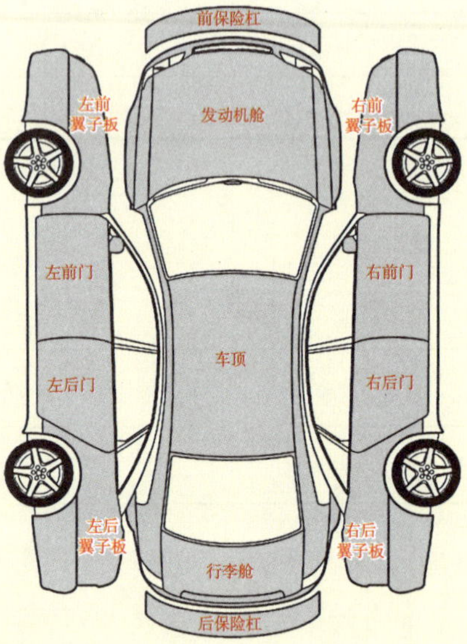	污渍 □	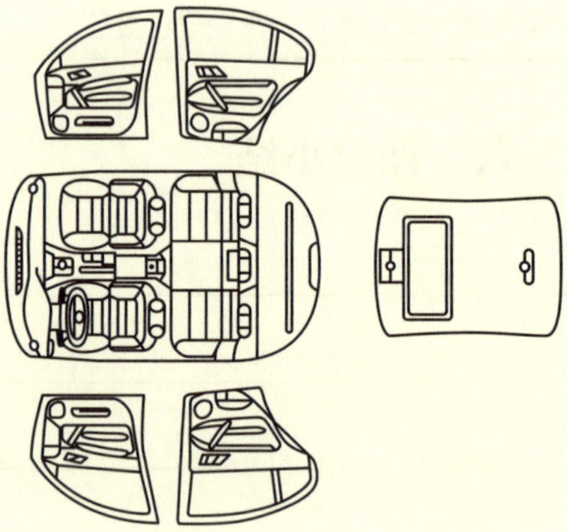
划痕 □		破损 □	
石击 □		色斑 □	
油漆 □		变形 □	

明确具体工作任务	

任务目标

- 能够熟练地对汽车电动座椅故障进行诊断与维修

续表

任务内容	● 电动座椅系统组成及控制原理 ● 电动座椅故障的检查方法 ● 电动座椅加热系统故障的检查方法
任务重点	● 电动座椅故障的检查方法 ● 电动座椅加热系统故障的检查方法

一、知识讲解

（一）电动座椅系统组成及控制原理

1. 电动座椅系统的组成

为了实现座椅位置的调节，电动座椅系统主要由电动机、传动装置和控制开关等组成，如图 7–1 所示。电动机产生动力，传动装置可以把动力传递至座椅，通过控制开关实现座椅不同位置的调节。

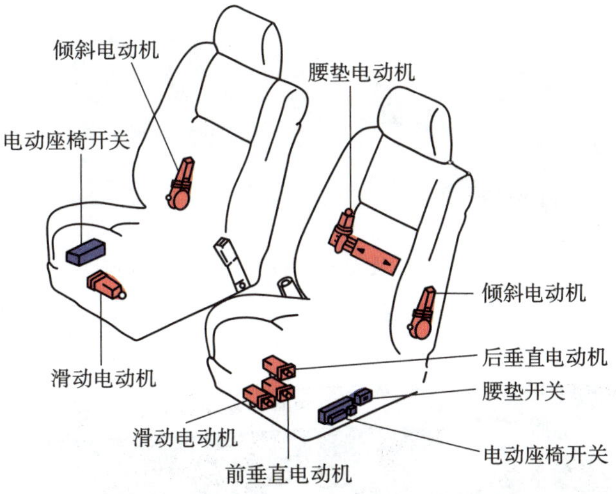

图 7–1　电动座椅系统组成

按照座椅电动机数目和可调方向数目的不同，一般有两向、四向、六向、八向、十向和多向可调电动座椅。

（1）控制开关

图 7–2 所示为大众迈腾轿车电动座椅控制开关实物图。其中，图 7–2a 所示不带座椅记忆功能，图 7–2b 所示带座椅记忆功能。

电动座椅控制开关的功能说明如图 7–3 所示。

（2）电动机

大众迈腾轿车电动座椅的电动机实物图及安装位置如图 7–4 所示。

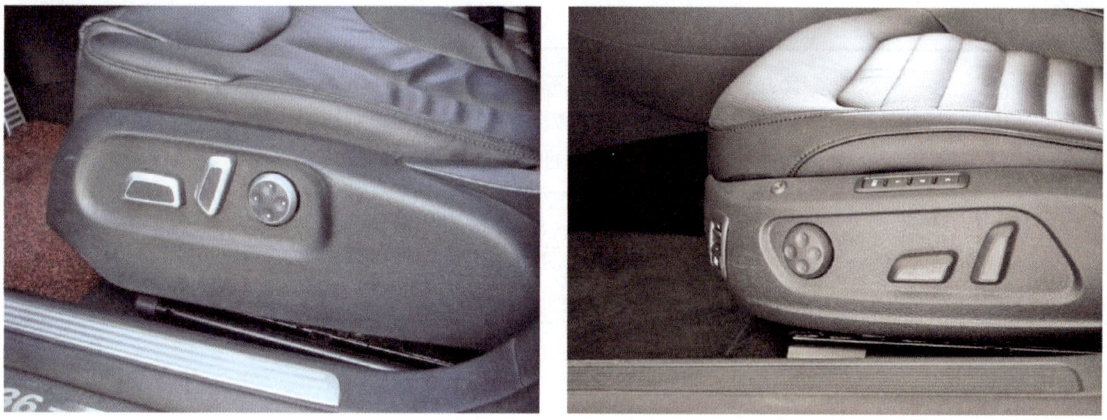

a）不带座椅记忆功能　　b）带座椅记忆功能

图 7-2　电动座椅控制开关

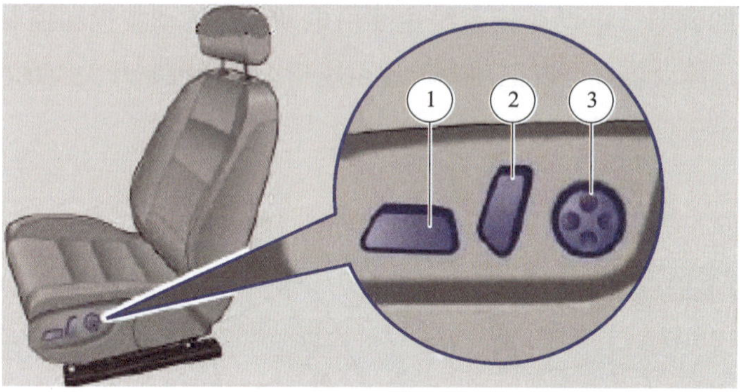

图 7-3　电动座椅控制开关的功能说明

①—调整座椅前后位置及座椅高度和倾斜度　②—调整靠背角度　③—调整腰部支撑

图 7-4　大众迈腾轿车电动座椅的电动机实物图及安装位置

2. 电动座椅控制原理

电动座椅多采用双向电动机，如图 7–5 所示，其电枢的旋转方向随电流方向的改变而改变。电动座椅通过座椅控制开关来控制通过电动机的电流方向，使电动机进行正转或反转，从而达到调节座椅的目的。

图 7–5　双向电动机

图 7–1 所示的电动座椅设置了滑动电动机、前垂直电动机、倾斜电动机、后垂直电动机和腰垫电动机，分别对座椅的前后滑动、前部上下移动、靠背前后倾斜、后部上下移动及腰垫移动等多个方向进行调节。

电动座椅的控制开关有一个共同的特点：均为常搭铁型结构，即电动机没有动作时，电动机两端通过控制开关搭铁；当控制开关打向某一侧时，动作侧控制开关接通电源，如图 7–6 所示。

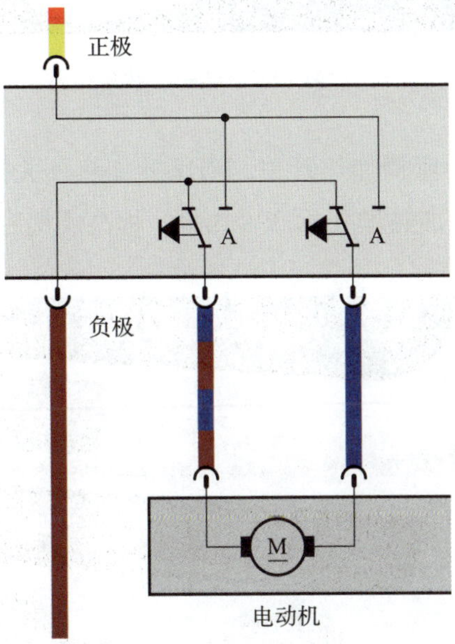

图 7–6　电动座椅的控制开关电路

每个电动机中均设有断路器，当座椅位置调整到极限时，流过电动机的电流增大，断路器断开，切断电动机电流，保护电动机不被烧损；松开控制开关并冷却后，断路器又重新复位。

（二）电动座椅故障的检查方法

1. 若电动机运转但座椅不动，首先检查座椅是否已到极限位置，然后检查电动机相关的传动部分是否磨损过大或卡住，必要时进行更换。

2. 若电动机不转，应检查电路是否断路，熔丝是否烧坏，搭铁情况是否良好，然后进行以下元件的检测。

（1）电动座椅控制开关的检测

拔出控制开关的连接器，检查各端子的导通情况，如果不导通，应更换控制开关。

（2）电动座椅电动机的检测

1）拆下电动座椅电动机的连接器。

2）将电动机的两个端子分别接蓄电池的正、负极，检查各电动机的工作情况，若电动机不转，应更换电动机。

（三）电动座椅的加热系统

座椅加热系统（见图 7–7）是利用座椅内的电加热丝对座椅内部进行加热的，并将热量传递给乘坐者，改善冬天座椅温度低造成的乘坐不舒适感。

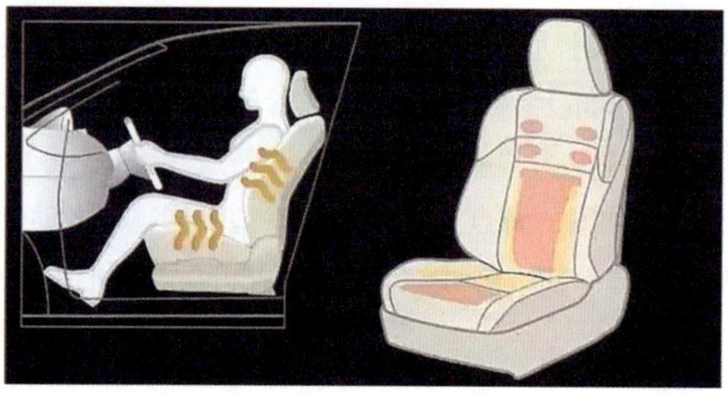

图 7–7　座椅加热系统

图 7–8 所示为大众迈腾轿车的座椅加热开关。当座椅加热开关把接通信号传递给座椅加热控制单元时，控制单元接通座椅内部的电加热丝开始产生热量，提高座椅和靠背的温度。

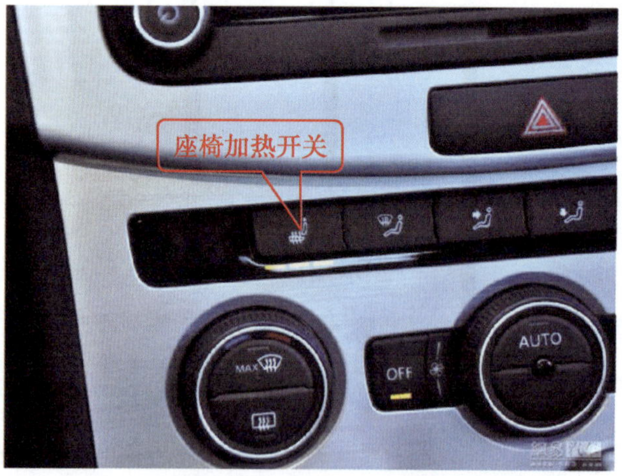

图 7–8　大众迈腾轿车的座椅加热开关

为了提高座椅的舒适性，控制座椅加热温度在一定的范围内，在座椅加热垫内布置了温度传感器，实时对温度进行监测和反馈。大众迈腾轿车的座椅加热电路如图 7–9 所示。

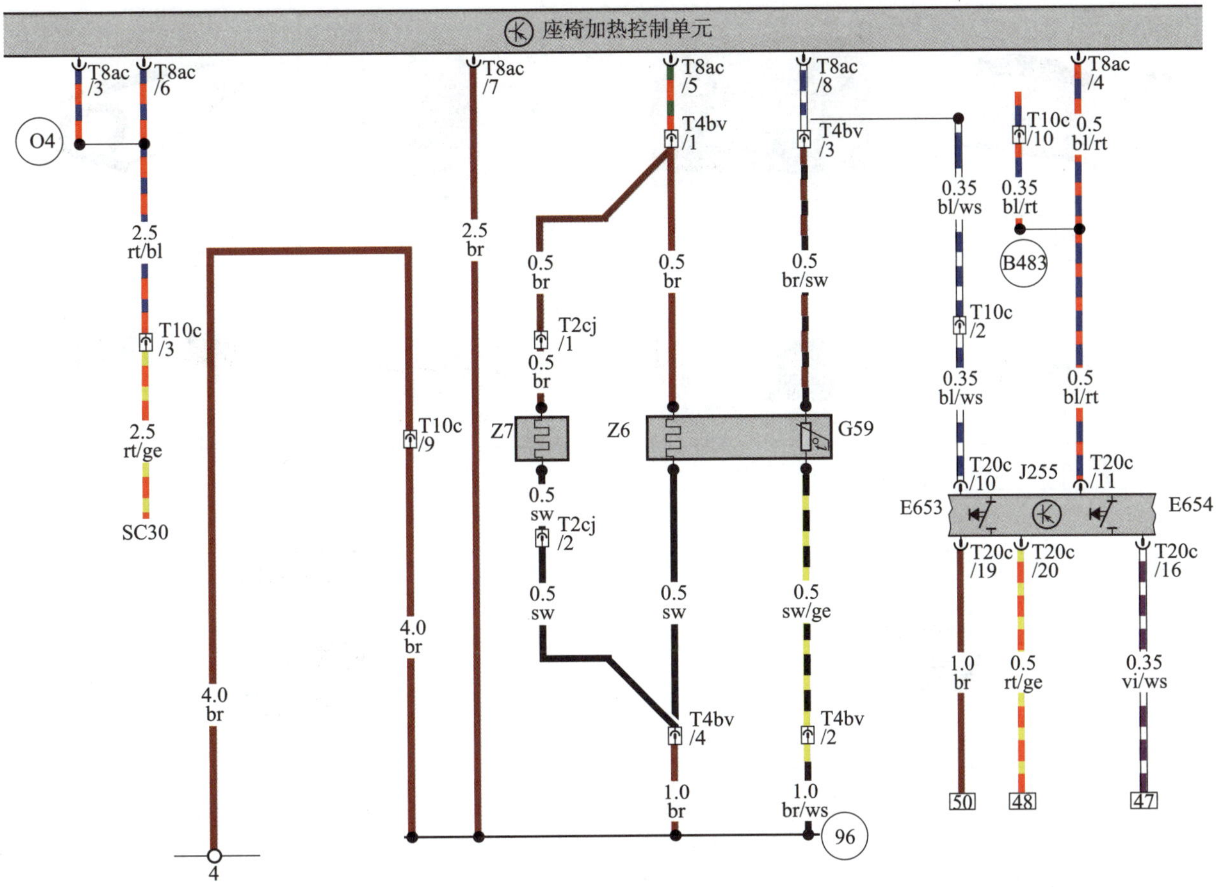

图 7-9　大众迈腾轿车的座椅加热电路

（四）电动座椅加热系统故障检查方法

1. 确认故障，如座椅不加热、闭锁车辆仍加热等。

2. 检查加热单元。

3. 检查座椅加热开关信号。

4. 检查座椅加热控制单元的电源、搭铁。

5. 检查座椅加热控制单元与加热单元之间的连接线束。

二、任务准备

选出完成本任务所需的工具、设备、资料等。

	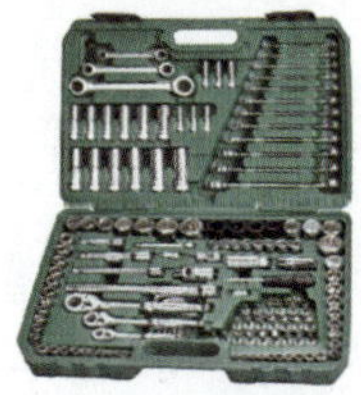		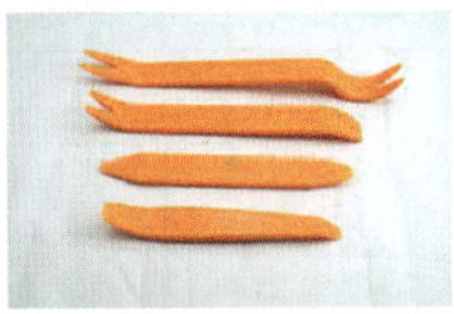
工具车	常用工具套装	三件套	内饰撬板套装

	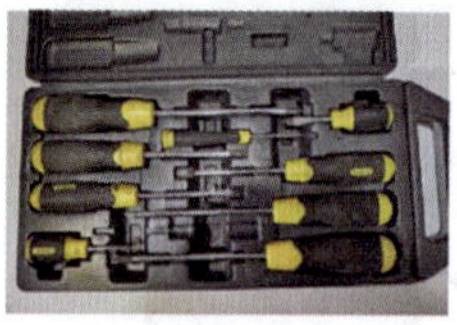	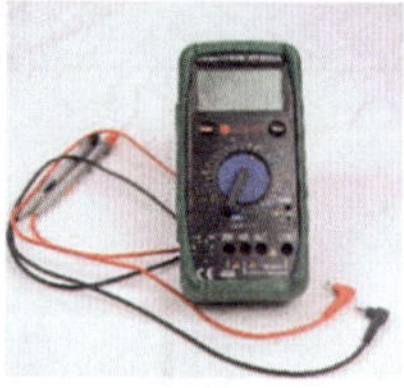	
诊断仪	旋具套装	万用表	二极管试灯
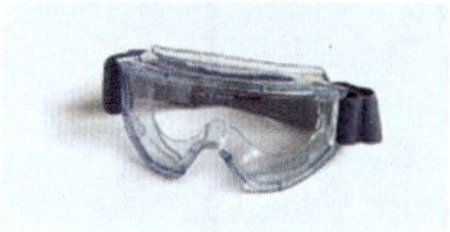	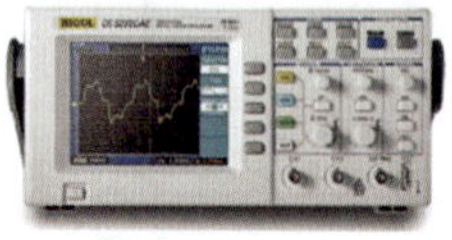		
护目镜	示波器	抹布	熔丝

实训车辆		维修手册	

三、防护措施

1. 进入车间应穿工鞋，戴工帽；工作服应整洁，无破损；操作时不可戴手表等金属饰品，以防划伤车辆表面。

2. 维修操作前应铺设三件套及翼子板布，发动机启动前应确保其他人员远离车辆。

3. 更换油液或配件时应处理好油液和配件的回收清理工作，以免对工作环境造成污染。

4. 任何时间操作电气设备时都应注意用电安全，作业结束后，应及时切断用电设备的电源。

5. 操作过程中应做到油品、工具、配件三不落地，作业完毕应及时清理车间工作场地，做到现场5S管理。

四、任务分配（见表7-1）

表7-1　任务分配表

职务	代码	姓名	工作内容
组长	A		监督、管理组员工作
组员	B		准备实训所需车辆及零配件
	C		
	D		准备实训所需工具及维修手册
	E		

五、任务实施

（一）操作流程

完成下面工作内容的排序并填写在表 7–2 中。

表 7–2 电动座椅故障诊断与维修操作步骤

项目	步骤	工作内容
安全防护与准备工作		打开驾驶员侧车门，铺设三件套
		打开发动机舱盖，铺设翼子板布
故障验证		使用诊断仪读取车辆故障码
		打开点火开关，分别操作电动座椅的各调节开关，查看各项功能是否正常
检查驾驶员侧电动座椅故障		若驾驶员侧电动座椅高度调节出现故障，则使用 10 mm 扳手拆卸座椅的 4 个固定螺栓，将座椅放倒
		拆卸座椅侧面饰板，断开调节开关插接器，使用万用表 20 V 电压挡（或试灯）测量 T6dc/6 号端子是否有 12 V 电压。若无 12 V 电压，则检查热敏熔丝 S44 是否损坏，若熔丝损坏则更换熔丝；若有 12 V 电压，则检查搭铁线
		使用万用表蜂鸣挡测量 T6dc/5 号端子与搭铁点是否导通，若导通则该线束正常，若不导通则该线束损坏。若电源与搭铁均正常，则调节开关损坏
		找到座椅高度调节电动机，断开插接器，扳动高度调节开关，使用万用表 20 V 电压挡（或试灯）测量插接器 T4dd/1 与 T4dd/2 号端子间是否有 12 V 电压，若有 12 V 电压，则电动机损坏；若无 12 V 电压，则检查高度调节开关电源及搭铁
检查副驾驶员后部扶手调节开关		若副驾驶员后部扶手调节开关纵向调节出现故障，则扳动副驾驶员座椅上调节开关，检查是否能够调节座椅。若能够调节，则检查后部扶手调节开关线路；若不能调节，则检查座椅调节开关至后部扶手调节开关之间的线束供电
		使用万用表蜂鸣挡分别测量后部扶手调节开关 1 号和 3 号端子、2 号和 4 号端子是否导通，若不导通，则开关损坏。若导通，则扳动向前调节的按钮，检查 1 号和 5 号端子是否导通；扳动向后调节的按钮，检查 4 号和 5 号端子是否导通。若不导通则开关损坏；若导通则开关正常，检查开关供电
		使用万用表 20 V 电压挡测量后部扶手调节开关插接器 T10ac/5 和 T10ac/9 号端子是否有 12 V 电压，若无 12 V 电压，则检查热敏熔丝 S44 是否正常；若有 12 V 电压，则检查调节电动机线束
		拆卸后部扶手调节开关，断开插接器，扳动纵向调节开关，使用万用表 20 V 电压挡测量 T10ac/2 与 T10ac/3 号端子是否有 12 V 电压。若无 12 V 电压，则检查座椅调节开关线束（与驾驶员侧检查方法相同）；若有 12 V 电压，则该线束及座椅调节开关均正常，检查后部扶手调节开关及电动机线束
		使用万用表 200 Ω 电阻挡测量插接器 T10ac/1 与 T10ac/4 号端子间（含调节电动机）电阻值，正常为 2 Ω 左右，若电阻值异常，则电动机或线束损坏
检查驾驶员侧座椅加热系统故障		启动发动机，打开座椅加热开关，若座椅加热出现故障，则连接诊断仪，使用诊断仪检查能否收到加热开关控制信号，若能收到信号，则检查座椅加热控制单元；若不能收到信号，则检查加热开关

续表

项目	步骤	工作内容
检查驾驶员侧座椅加热系统故障		测量左侧座椅加热开关插接器 T20c/19 号端子至搭铁点间线束电阻值，若电阻值异常，则检修该线束；若电阻值正常，则电源、搭铁均正常，检查开关信号
		连接 T20c 插接器，启动发动机，检查空调面板插接器 T20c/10 号端子在按下加热开关各挡位时，是否有 0 ~ 12 V 的电压变化，若无电压变化，则加热开关损坏
		检查熔丝 SC30、SC37 是否损坏，若损坏则更换熔丝。若正常，则拆卸座椅，分别测量熔丝 SC30 插脚至座椅加热控制单元插接器 T8ac/3、T8ac/6 号端子间线束电阻值；拆卸空调控制面板，测量熔丝 SC37 至左侧座椅加热开关插接器 T20c/20 号端子间线束电阻值，若电阻值异常则检修线束，若电阻值正常则检查搭铁
		测量座椅加热控制单元插接器 T8ac/7 号端子至搭铁点间线束电阻值，若电阻值异常，则断开驾驶员座椅下方 T10c 插接器，分别测量 T10c/9 号端子至 T8ac/7 号端子间线束电阻值及 T10c/9 号端子至搭铁点间电阻值，若电阻值正常则 T10c 插接器虚接，若电阻值异常则检修该线束
		启动发动机，按下加热开关，检查加热器插接器 T4bv/1 号端子有无 12 V 电压，若无 12 V 电压，则测量座椅加热控制单元插接器 T8ac/5 号端子至加热器插接器 T4bv/1 号端子间线束电阻值，若电阻值异常则该线束损坏，若电阻值正常则检查温度传感器
		测量温度传感器 T4bv/2 与 T4bv/3 号端子间电阻值（常温下为 9 kΩ 左右）及 T4bv/2 号端子至搭铁点间电阻值是否正常，若电阻值异常，则温度传感器或线束损坏；若电阻值正常，则测量温度传感器 T4bv/3 号端子至座椅加热控制单元插接器 T8ac/8 号端子间线束电阻值，若电阻值正常则座椅加热控制单元损坏，若电阻值异常则该线束损坏
		检查加热器供电线束有 12 V 电压，则断开驾驶员侧座椅靠背加热器插接器 T2cj，测量座椅加热器插接器 T4bv/1 与 T4bv/4 号端子间电阻值，常温下应为 2.5 Ω 左右，若电阻值异常，则加热器损坏；若电阻值正常，则测量 T4bv/4 号端子至搭铁点间的线束电阻值，若电阻值异常则该线束损坏
整理		撤去翼子板布及三件套，整理工具及现场卫生

（二）实施记录

结合实施过程，对照表 7–3 所列检查项目进行检查，并记录实际的检查结果。

表 7–3　电动座椅故障诊断与维修实施记录

序号	检查项目	故障检查	故障记录
1	安全防护与准备工作	打开驾驶员侧车门，铺设三件套 □ 打开发动机舱盖，铺设翼子板布 □	完成情况：
2	故障验证与基础检查	蓄电池电压：__________ V 电动座椅靠背前后调节功能是否正常：是 □　否 □ 电动座椅前后调节功能是否正常：是 □　否 □ 电动座椅上下调节功能是否正常：是 □　否 □ 其他故障现象验证：________________________	检查出的故障：

续表

序号	检查项目	故障检查	故障记录
3	检查驾驶员侧电动座椅	座椅高度调节电动机损坏 □ 座椅高度调节开关损坏 □ 插接器 T4dd/1 与 T4dd/2 号端子间有 12V 电压：电源故障 □ 搭铁故障 □ T6dc/6 号端子是否有 12 V 电压： 是 □ 否 □ T6dc/5 号端子与搭铁点是否导通：是 □ 否 □ 损坏的熔丝：S44 □ SC30 □ SC37 □	检查出的故障：
4	检查副驾驶员后部扶手调节开关	纵向调节开关故障 □ T10ac/2 与 T10ac/3 号端子是否有 12 V 电压：是 □ 否 □ 插接器 T10ac/1 与 T10ac/4 号端子间（含调节电动机）电阻值为________ Ω	检查出的故障：
5	检查驾驶员侧座椅加热系统	加热开关故障 □ 座椅加热控制单元损坏 □ T10c 插接器虚接 □ 温度传感器故障 □ 左侧座椅加热开关插接器 T20c/19 号端子至搭铁点间线束电阻值为________ Ω 加热器插接器 T4bv/1 号端子电压为________ V 加热器供电线束电压为________ V T4bv/1 与 T4bv/4 号端子间电阻值为________ Ω 加热器损坏 □	检查出的故障：
6	其他		检查出的故障：
7	整理	撤去翼子板布及三件套 □ 整理工具及现场卫生 □	完成情况：
根据任务实施流程和故障排除过程，总结电动座椅故障排除思路，并填写在下面： 1. ________ 2. ________ 3. ________ 4. ________ 5. ________ 6. ________			

六、检查

（一）自检

结合本组任务操作过程，对任务执行过程中的操作规范性进行检查，检查操作过程中是否存在以下问题，分析讨论应如何避免并总结规范的操作方法（见表 7–4）。

表 7-4　自检

检查项目	结果
车辆停放位置是否合适，是否将变速器置于空挡并拉紧驻车制动器	是 □　否 □
是否使用三件套对车辆进行防护	是 □　否 □
故障是否确认	是 □　否 □
驾驶员侧电动座椅故障是否排除	是 □　否 □
副驾驶员后部扶手调节开关故障是否排除	是 □　否 □
驾驶员侧座椅加热系统故障是否排除	是 □　否 □
工作场地是否清洁，车辆是否复位	是 □　否 □

（二）互检

组与组之间相互进行任务操作过程及结果检查，并把检查结果填写在表 7-5 中。

表 7-5　互检

检查项目	结果
车辆停放位置是否合适，是否将变速器置于空挡并拉紧驻车制动器	是 □　否 □
是否使用三件套对车辆进行防护	是 □　否 □
故障是否确认	是 □　否 □
驾驶员侧电动座椅故障是否排除	是 □　否 □
副驾驶员后部扶手调节开关故障是否排除	是 □　否 □
驾驶员侧座椅加热系统故障是否排除	是 □　否 □
工作场地是否清洁，车辆是否复位	是 □　否 □

七、课堂小结

____

____

____

任务八　电动座椅故障诊断与维修（二）

电动座椅故障诊断与维修任务工单——故障检修					
客户信息	客户姓名		联系电话	接单日期	
车辆信息	车辆品牌		出厂日期	特殊配置	
	车辆年款		车身颜色		

故障信息			
	灯光系统故障 □	静态转向灯故障 □	天窗故障 □
	自动雨刮故障 □	电动座椅故障 □	电动车窗、电动后视镜故障 □
	无钥匙进入系统故障 □	无钥匙启动系统故障 □	车载逆变器故障 □
	安全气囊系统故障 □	其他 □	
	客户描述：		

车辆外观检查		车辆内饰检查	
凹凸 □	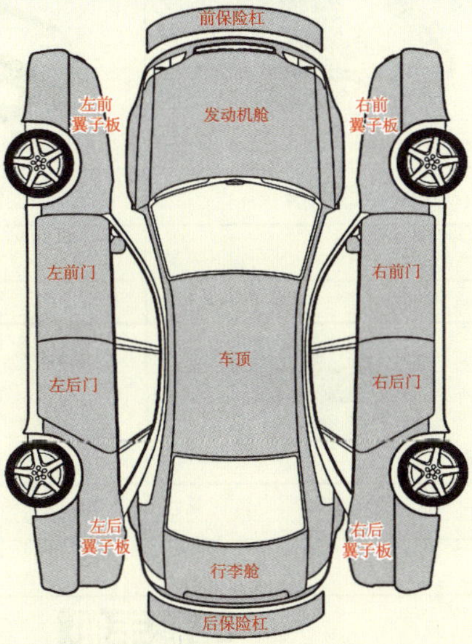	污渍 □	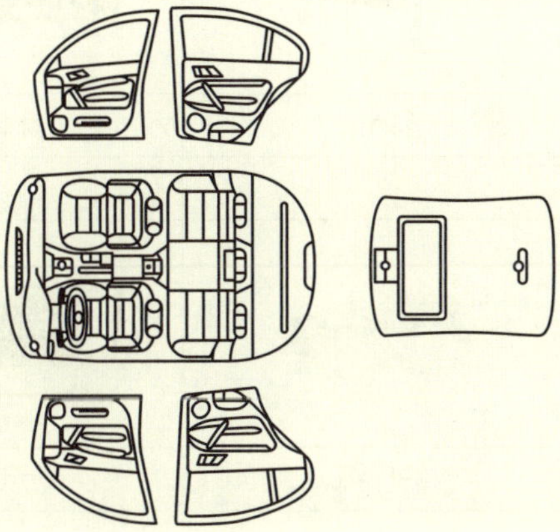
划痕 □		破损 □	
石击 □		色斑 □	
油漆 □		变形 □	

明确具体工作任务	

任务目标

- 能够熟练地对汽车电动座椅故障进行诊断与维修

续表

任务内容	● 电动座椅系统组成及控制原理 ● 电动座椅故障的检查方法 ● 电动座椅加热系统故障的检查方法
任务重点	● 电动座椅故障的检查方法 ● 电动座椅加热系统故障的检查方法

一、任务准备

选出完成本任务所需的工具、设备、资料等。

	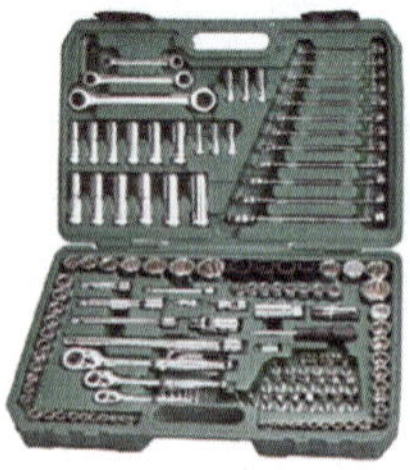		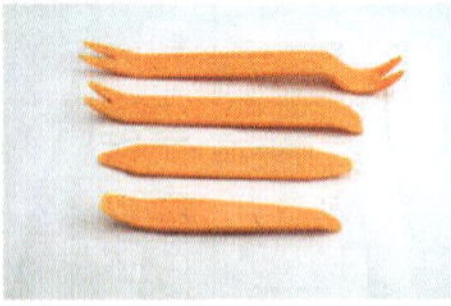
工具车	常用工具套装	三件套	内饰撬板套装
	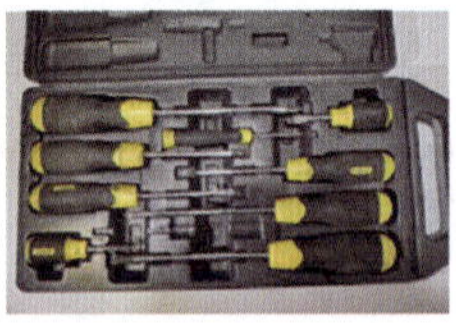	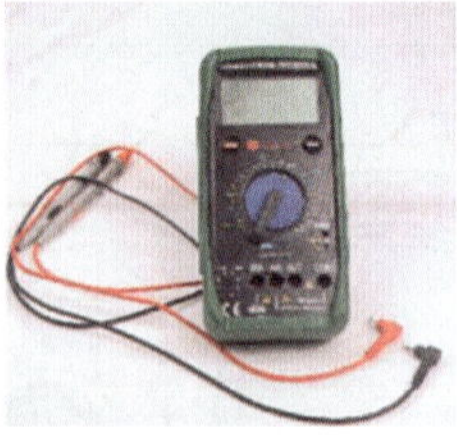	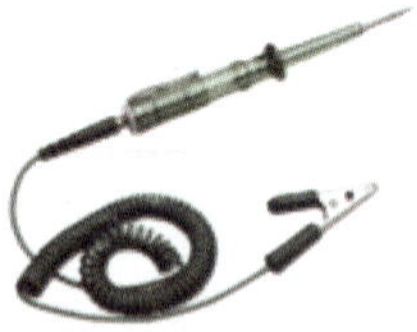
诊断仪	旋具套装	万用表	二极管试灯
	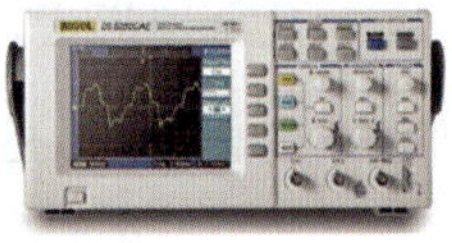		
护目镜	示波器	抹布	熔丝

实训车辆		维修手册	

二、防护措施

1. 进入车间应穿工鞋，戴工帽；工作服应整洁，无破损；操作时不可戴手表等金属饰品，以防划伤车辆表面。

2. 维修操作前应铺设三件套及翼子板布，发动机启动前应确保其他人员远离车辆。

3. 更换油液或配件时应处理好油液和配件的回收清理工作，以免对工作环境造成污染。

4. 任何时间操作电气设备时都应注意用电安全，作业结束后，应及时切断用电设备的电源。

5. 操作过程中应做到油品、工具、配件三不落地，作业完毕应及时清理车间工作场地，做到现场5S管理。

三、任务分配（见表 8-1）

表 8-1 任务分配表

职务	代码	姓名	工作内容
组长	A		监督、管理组员工作
组员	B		准备实训所需车辆及零配件
	C		
	D		准备实训所需工具及维修手册
	E		

四、任务实施

（一）操作流程

完成下面工作内容的排序并填写在表 8-2 中。

表 8-2 电动座椅故障诊断与维修操作步骤

项目	步骤	工作内容
安全防护与准备工作		打开驾驶员侧车门，铺设三件套
		打开发动机舱盖，铺设翼子板布
故障验证		打开点火开关，分别操作电动座椅的各调节开关，查看各项功能是否正常
		使用诊断仪读取车辆故障码
检查驾驶员侧电动座椅故障		若驾驶员侧电动座椅高度调节出现故障，则使用 10 mm 扳手拆卸座椅的 4 个固定螺栓，将座椅放倒
		找到座椅高度调节电动机，断开插接器，扳动高度调节开关，使用万用表 20 V 电压挡（或试灯）测量插接器 T4dd/1 与 T4dd/2 号端子间是否有 12 V 电压，若有 12 V 电压，则电动机损坏；若无 12 V 电压，则检查高度调节开关电源及搭铁
		使用万用表蜂鸣挡测量 T6dc/5 号端子与搭铁点是否导通，若导通则该线束正常，若不导通则该线束损坏。若电源与搭铁均正常，则调节开关损坏

续表

项目	步骤	工作内容
检查驾驶员侧电动座椅故障		拆卸座椅侧面饰板，断开调节开关插接器，使用万用表 20 V 电压挡（或试灯）测量 T6dc/6 号端子是否有 12 V 电压。若无 12 V 电压，则检查热敏熔丝 S44 是否损坏，若熔丝损坏则更换熔丝；若有 12 V 电压，则检查搭铁线
检查副驾驶员后部扶手调节开关		若副驾驶员后部扶手调节开关纵向调节出现故障，则扳动副驾驶员座椅上调节开关，检查是否能够调节座椅，若能够调节，则检查后部扶手调节开关线路；若不能调节，则检查座椅调节开关至后部扶手调节开关之间的线束供电
		使用万用表 20 V 电压挡测量后部扶手调节开关插接器 T10ac/5 和 T10ac/9 号端子是否有 12 V 电压，若无 12 V 电压，则检查热敏熔丝 S44 是否正常；若有 12 V 电压，则检查调节电动机线束
		拆卸后部扶手调节开关，断开插接器，扳动纵向调节开关，使用万用表 20 V 电压挡测量 T10ac/2 与 T10ac/3 号端子是否有 12 V 电压。若无 12 V 电压，则检查座椅调节开关线束（与驾驶员侧检查方法相同）；若有 12 V 电压，则该线束及座椅调节开关均正常，检查后部扶手调节开关及电动机线束
		使用万用表蜂鸣挡分别测量后部扶手调节开关 1 号和 3 号端子、2 号和 4 号端子是否导通，若不导通，则开关损坏。若导通，则扳动向前调节的按钮，检查 1 号和 5 号端子是否导通；扳动向后调节的按钮，检查 4 号和 5 号端子是否导通。若不导通则开关损坏；若导通则开关正常，检查开关供电
		使用万用表 200 Ω 电阻挡测量插接器 T10ac/1 与 T10ac/4 号端子间（含调节电动机）电阻值，正常为 2 Ω 左右，若电阻值异常，则电动机或线束损坏
检查驾驶员侧座椅加热系统故障		检查熔丝 SC30、SC37 是否损坏，若损坏则更换熔丝。若正常，则拆卸座椅，分别测量熔丝 SC30 插脚至座椅加热控制单元插接器 T8ac/3、T8ac/6 号端子间线束电阻值；拆卸空调控制面板，测量熔丝 SC37 至左侧座椅加热开关插接器 T20c/20 号端子间线束电阻值，若电阻值异常则检修线束，若电阻值正常则检查搭铁
		启动发动机，打开座椅加热开关，若座椅加热出现故障，则连接诊断仪，使用诊断仪检查能否收到加热开关控制信号，若能收到信号，则检查座椅加热控制单元；若不能收到信号，则检查加热开关
		测量座椅加热控制单元插接器 T8ac/7 号端子至搭铁点间线束电阻值，若电阻值异常，则断开驾驶员座椅下方 T10c 插接器，分别测量 T10c/9 号端子至 T8ac/7 号端子间线束电阻值及 T10c/9 号端子至搭铁点间电阻值，若电阻值正常则 T10c 插接器虚接，若电阻值异常则检修该线束
		测量左侧座椅加热开关插接器 T20c/19 号端子至搭铁点间线束电阻值，若电阻值异常，则检修该线束；若电阻值正常，则电源、搭铁均正常，检查开关信号
		连接 T20c 插接器，启动发动机，检查空调面板插接器 T20c/10 号端子在按下加热开关各挡位时，是否有 0～12 V 的电压变化，若无电压变化，则加热开关损坏
		启动发动机，按下加热开关，检查加热器插接器 T4bv/1 号端子有无 12 V 电压，若无 12 V 电压，则测量座椅加热控制单元插接器 T8ac/5 号端子至加热器插接器 T4bv/1 号端子间线束电阻值，若电阻值异常则该线束损坏，若电阻值正常则检查温度传感器
		检查加热器供电线束有 12 V 电压，则断开驾驶员侧座椅靠背加热器插接器 T2cj，测量座椅加热器插接器 T4bv/1 与 T4bv/4 号端子间电阻值，常温下应为 2.5 Ω 左右，若电阻值异常，则加热器损坏；若电阻值正常，则测量 T4bv/4 号端子至搭铁点间的线束电阻值，若电阻值异常则该线束损坏

续表

项目	步骤	工作内容
检查驾驶员侧座椅加热系统故障		测量温度传感器 T4bv/2 与 T4bv/3 号端子间电阻值（常温下为 9 kΩ 左右）及 T4bv/2 号端子至搭铁点间电阻值是否正常，若电阻值异常，则温度传感器或线束损坏；若电阻值正常，则测量温度传感器 T4bv/3 号端子至座椅加热控制单元插接器 T8ac/8 号端子间线束电阻值，若电阻值正常则座椅加热控制单元损坏，若电阻值异常则该线束损坏
整理		撤去翼子板布及三件套，整理工具及现场卫生

（二）实施记录

结合实施过程，对照表 8-3 所列检查项目进行检查，并记录实际的检查结果。

表 8-3 电动座椅故障诊断与维修实施记录

序号	检查项目	故障检查	故障记录
1	安全防护与准备工作	打开驾驶员侧车门，铺设三件套 □ 打开发动机舱盖，铺设翼子板布 □	完成情况：
2	故障验证与基础检查	蓄电池电压：________ V 电动座椅靠背前后调节功能是否正常：是 □ 否 □ 电动座椅前后调节功能是否正常：是 □ 否 □ 电动座椅上下调节功能是否正常：是 □ 否 □ 其他故障现象验证：____________________	检查出的故障：
3	检查驾驶员侧电动座椅	座椅高度调节电动机损坏 □ 座椅高度调节开关损坏 □ 插接器 T4dd/1 与 T4dd/2 号端子间有 12 V 电压：电源故障 □ 搭铁故障 □ T6dc/6 号端子是否有 12 V 电压： 是 □ 否 □ T6dc/5 号端子与搭铁点是否导通：是 □ 否 □ 损坏的熔丝：S44 □ SC30 □ SC37 □	检查出的故障：
4	检查副驾驶员后部扶手调节开关	纵向调节开关故障 □ T10ac/2 与 T10ac/3 号端子是否有 12 V 电压：是 □ 否 □ 插接器 T10ac/1 与 T10ac/4 号端子间（含调节电动机）电阻值为________ Ω	检查出的故障：
5	检查驾驶员侧座椅加热系统	加热开关故障 □ 座椅加热控制单元损坏 □ T10c 插接器虚接 □ 温度传感器故障 □ 左侧座椅加热开关插接器 T20c/19 号端子至搭铁点间线束电阻值为________ Ω 加热器插接器 T4bv/1 号端子电压为________ V 加热器供电线束电压为________ V T4bv/1 与 T4bv/4 号端子间电阻值为________ Ω 加热器损坏 □	检查出的故障：
6	其他		检查出的故障：

续表

序号	检查项目	故障检查	故障记录
7	整理	撤去翼子板布及三件套 □ 整理工具及现场卫生 □	完成情况：
根据任务实施流程和故障排除过程，总结电动座椅故障排除思路，并填写在下面： 1. ____ 2. ____ 3. ____ 4. ____ 5. ____ 6. ____			

五、检查

（一）自检

结合本组任务操作过程，对任务执行过程中的操作规范性进行检查，检查操作过程中是否存在以下问题，分析讨论应如何避免并总结规范的操作方法（见表 8–4）。

表 8–4 自检

检查项目	结果
车辆停放位置是否合适，是否将变速器置于空挡并拉紧驻车制动器	是 □ 否 □
是否使用三件套对车辆进行防护	是 □ 否 □
故障是否确认	是 □ 否 □
驾驶员侧电动座椅故障是否排除	是 □ 否 □
副驾驶员后部扶手调节开关故障是否排除	是 □ 否 □
驾驶员侧座椅加热系统故障是否排除	是 □ 否 □
工作场地是否清洁，车辆是否复位	是 □ 否 □

（二）互检

组与组之间相互进行任务操作过程及结果检查，并把检查结果填写在表 8–5 中。

表 8–5 互检

检查项目	结果
车辆停放位置是否合适，是否将变速器置于空挡并拉紧驻车制动器	是 □ 否 □
是否使用三件套对车辆进行防护	是 □ 否 □
故障是否确认	是 □ 否 □

续表

检查项目	结果
驾驶员侧电动座椅故障是否排除	是 □　否 □
副驾驶员后部扶手调节开关故障是否排除	是 □　否 □
驾驶员侧座椅加热系统故障是否排除	是 □　否 □
工作场地是否清洁，车辆是否复位	是 □　否 □

六、课堂小结

____

____

____

任务九　电动车窗、电动后视镜故障诊断与维修（一）

<table>
<tr><th colspan="7">电动车窗、电动后视镜故障诊断与维修任务工单——电动车窗检修</th></tr>
<tr><td>客户信息</td><td>客户姓名</td><td></td><td>联系电话</td><td></td><td>接单日期</td><td></td></tr>
<tr><td rowspan="2">车辆信息</td><td>车辆品牌</td><td></td><td>出厂日期</td><td></td><td rowspan="2">特殊配置</td><td rowspan="2"></td></tr>
<tr><td>车辆年款</td><td></td><td>车身颜色</td><td></td></tr>
<tr><td>故障信息</td><td colspan="6">灯光系统故障 □　静态转向灯故障 □　天窗故障 □
自动雨刮故障 □　电动座椅故障 □　电动车窗、电动后视镜故障 □
无钥匙进入系统故障 □　无钥匙启动系统故障 □　车载逆变器故障 □
安全气囊系统故障 □　其他 □
客户描述：</td></tr>
</table>

<table>
<tr><th colspan="2">车辆外观检查</th><th colspan="2">车辆内饰检查</th></tr>
<tr><td>凹凸 □
划痕 □
石击 □
油漆 □</td><td>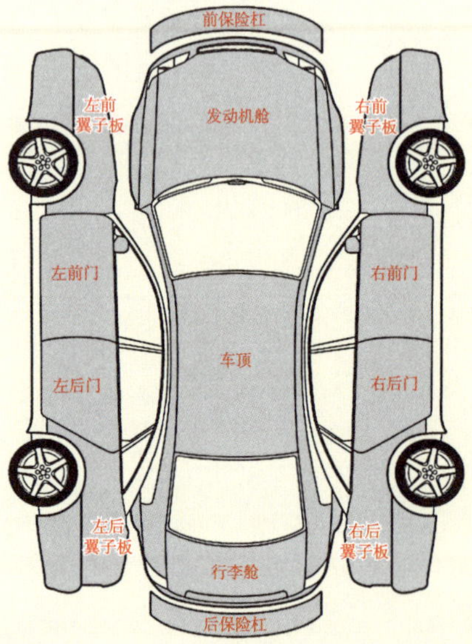
</td><td>污渍 □
破损 □
色斑 □
变形 □</td><td>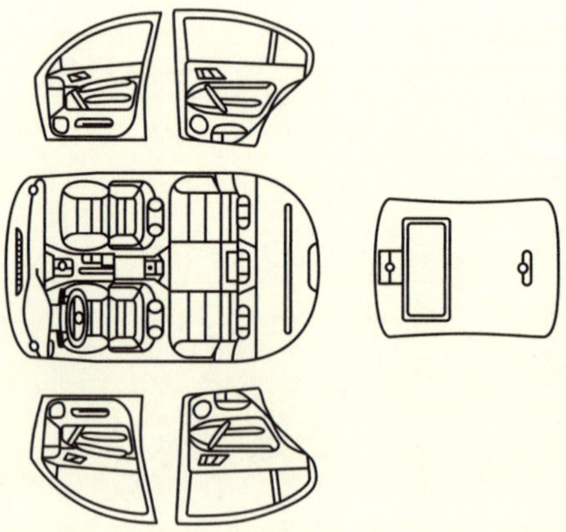</td></tr>
<tr><td>明确具体工作任务</td><td colspan="3"></td></tr>
</table>

任务目标

- 能够熟练地对汽车电动车窗故障进行诊断与维修
- 能够熟练地对汽车电动后视镜故障进行诊断与维修

续表

任务内容	● 电动车窗的应用、组成及控制功能 ● 电动车窗常见故障及故障原因分析 ● 电动车窗不能升降故障诊断流程及故障诊断树 ● 电动后视镜的组成、工作原理及检查方法
任务重点	● 电动车窗常见故障及故障原因分析 ● 电动后视镜的组成、工作原理及检查方法

一、知识讲解

（一）电动车窗的应用与组成

电动车窗是通过车载电源来驱动玻璃升降器电动机，使升降器带动车窗玻璃上下运动的装置。目前，部分车型的电动车窗还具备一键升降、防夹的功能。电动车窗主要由车窗玻璃、车窗玻璃升降器、车窗驱动电动机、控制开关、控制单元等组成，如图 9–1 所示。

a）车窗玻璃

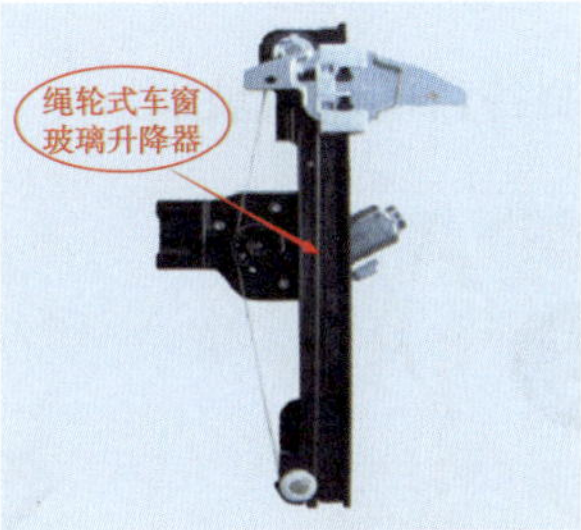

b）车窗玻璃升降器

c）车窗驱动电动机

d）控制开关

e）控制单元

图 9–1　电动车窗组成

1. 车窗驱动电动机

电动车窗的驱动电动机是双向旋转的，分为永磁式和双绕组串联式两种。每个车门各有一个电动机，通过控制电动机中的电流方向实现电动机的正转或反转，从而控制车窗玻璃的升降。为了防止电动机过载，在电路或电动机内装有一个或多个热敏开关，用来控制电流，当车窗玻璃上升到极限位置或由于结冰而使车窗玻璃不能自由移动时，热敏开关会自动断路，避免电动机通电时间过长而烧坏。大众车系的车窗驱动电动机和车门控制单元集成在一起，如图 9–2 所示。

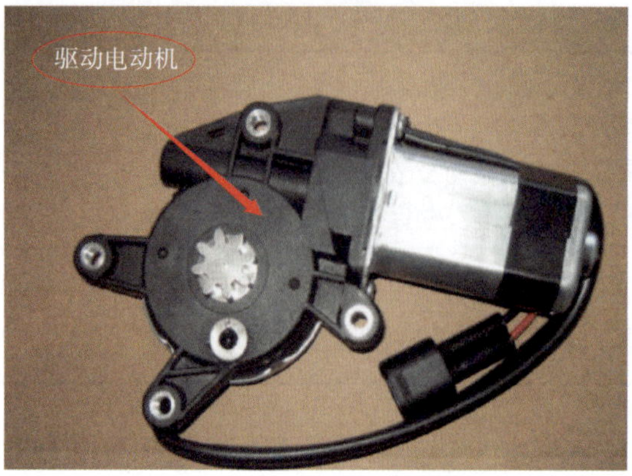

图 9-2　车窗驱动电动机

2. 控制开关

电动车窗的控制开关主要有驾驶员侧车窗总开关和乘客侧车窗分开关。

（1）车窗总开关（见图 9-3）

车窗总开关控制整个电动车窗系统，在车窗总开关上的锁止开关锁止时，车窗分开关就不起作用。

（2）车窗分开关（见图 9-4）

车窗分开关安装在每个车门上，控制各自的车窗玻璃。

图 9-3　车窗总开关

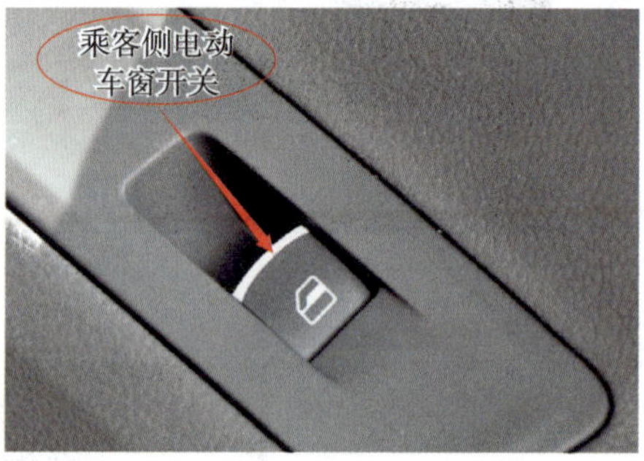

图 9-4　车窗分开关

3. 车窗玻璃升降器

常见的电动车窗玻璃升降器有交臂式和绳轮式。

（1）交臂式车窗玻璃升降器

其电动机的输出部分是一个小齿轮，经啮合的扇形齿轮片，通过交臂式升降机构带动车窗玻璃沿导轨做上下运动，如图 9-5 所示。

（2）绳轮式车窗玻璃升降器

其电动机的输出部分是一个塑料绳轮，绳轮上绕有钢丝绳，钢丝绳上装有滑块。电动机驱动绳轮带动钢丝绳卷绕，使钢丝绳上的滑块带动车窗玻璃沿导轨上下运动，如图 9-6 所示。

（二）电动车窗的控制功能

电动车窗的控制功能包括手动升 / 降、自动升 / 降、车窗锁止、防夹保护、延时操作升 / 降和门锁联动关闭等，其功能说明见表 9-1。驾驶员可通过左前门扶手上的窗锁开关锁住其他车门的车窗，以防止在行车过程中乘客打开车窗将头或手伸出窗外而发生事故。

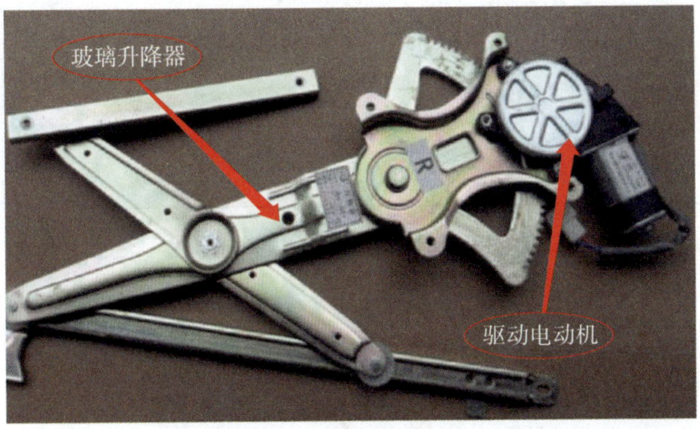

图 9-5 交臂式车窗玻璃升降器

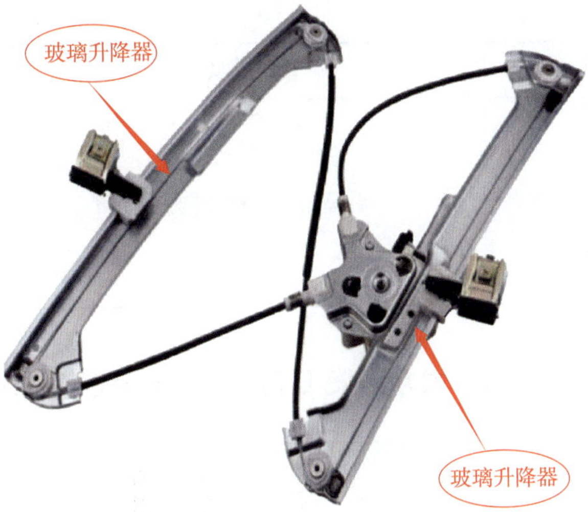

图 9-6 绳轮式车窗玻璃升降器

表 9-1 电动车窗的控制功能

序号	控制功能	功能说明
1	手动升 / 降	当按着车窗开关时，车窗玻璃会升 / 降；松开车窗开关后，车窗玻璃会自动停止
2	自动升 / 降	当电动车窗开关位于自动位置（极限位置）时，按一下车窗开关，车窗玻璃会自动升 / 降到极限位置
3	车窗锁止	执行“车窗锁止”功能后，除驾驶员侧车窗总开关外，其他车窗分开关功能均失效
4	防夹保护	当车窗上升而遇到障碍时，能自动检测出由障碍所引起的阻力，自动停止车窗的关闭，并将车窗玻璃向下移动，避免造成人身伤害
5	延时操作升 / 降	有的车上装有延时开关，在点火开关断开约 1 min 内（不同汽车时间不同），打开车门以前仍会有电流供给，驾驶员和乘客能有时间关闭车窗及操纵其他辅助设备
6	门锁联动关闭	如果驾驶员自车内走出而忘记把车窗关闭，不需要再进入车内关窗，可以在车外通过中央门锁系统将车窗关闭

（三）电动车窗常见故障及故障原因分析（见表 9-2）

表 9-2 电动车窗常见故障及故障原因分析

序号	常见故障	故障原因分析
1	全部车窗玻璃升降器不工作	供电熔丝损坏 搭铁线虚接、锈蚀、断路 连接导线断路或相关插接器松脱 车载供电控制模块损坏 数据总线网络故障
2	单独车窗玻璃升降功能失效	车门电气设备供电熔丝损坏 搭铁线虚接、锈蚀、断路 车门控制单元损坏 车窗开关、驱动电动机损坏 数据总线网络故障

续表

序号	常见故障	故障原因分析
3	车窗玻璃升降异响	车窗玻璃升降器调整不当 卷丝筒内钢丝卡涩、锈蚀 玻璃升降传动滑轮卡涩 车窗外框变形 玻璃升降机构导轨变形

（四）大众迈腾 B7L 电动车窗控制原理图（见图 9-7）

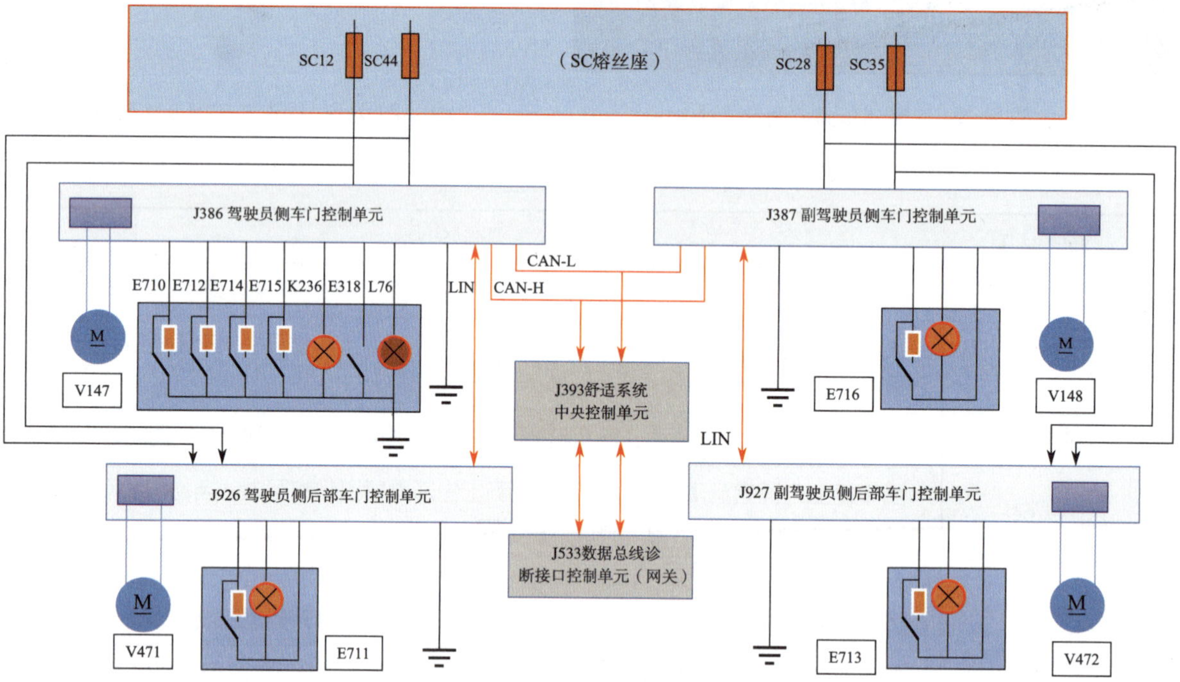

图 9-7　大众迈腾 B7L 电动车窗控制原理图

E710—左前车窗开关　E712—左后车窗开关　E714—右后车窗开关　E715—右前车窗开关　K236—安全锁指示灯　E318—安全锁按钮　L76—按钮照明灯　V147—左前车窗电动机　V148—右前车窗电动机　V471—左后车窗电动机　V472—右后车窗电动机　E711—左后车窗开关　E713—右后车窗开关　E716—右前车窗开关

（五）电动车窗不能升降故障诊断流程及故障诊断树

1. 电动车窗不能升降故障诊断流程

（1）将车辆安全停放在维修工位，铺好防护三件套，将变速器置于 P/N 挡并拉起驻车制动器。

（2）打开点火开关，操纵驾驶员侧车窗开关，检查是全部车窗不能升降，还是个别车窗不能升降。

（3）检查蓄电池电压是否正常。

（4）操纵驾驶员侧各车窗开关，检查车窗电动机是否正常运转，如果电动机运转正常，则拆卸各车门装饰板，检查车窗玻璃升降器和机械传动机构是否有故障。

（5）如果车窗电动机不工作，检查熔丝 SC12、SC44、SC28、SC35 是否损坏，如损坏更换故障熔丝。

（6）如果熔丝正常，连接诊断仪进行故障诊断与维修，如果无法进入自诊断系统，检查诊断插座 U31

的熔丝 SC1、SC13 是否损坏，诊断插座 U31 的电源、搭铁是否正常；检查网关 J533 的熔丝 SB15、SC7 是否损坏，网关 J533 的电源、搭铁是否正常；检查车门控制单元 J386、J387 的 CAN 数据总线是否正常。

（7）读取车门控制单元故障码，如有故障码，按照故障码提示进行故障检查，排除故障。

（8）如无故障码，操纵各车窗开关，读取车门控制单元数据流，检查各车窗开关信号是否正常。

（9）如果无车窗开关信号，按维修手册操作步骤拆卸车门装饰板，检查开关端子与车门控制单元 J386 端子之间的连接导线是否有故障，若线路有故障则进行维修。

（10）如果线路良好，检查车门控制单元 J386 端子和网关 J533 端子之间的 CAN 数据总线是否有故障，若 CAN 数据总线良好，则车窗开关损坏，需更换。

（11）如果车窗开关信号正常，检查车门控制单元 J386 端子 T20g/18、T20g/20 电压是否正常，端子 T20g/19、T32a/21 搭铁是否正常；如正常，则车门控制单元 J386 损坏，需更换。

2. 电动车窗不能升降故障诊断树（见图 9-8）

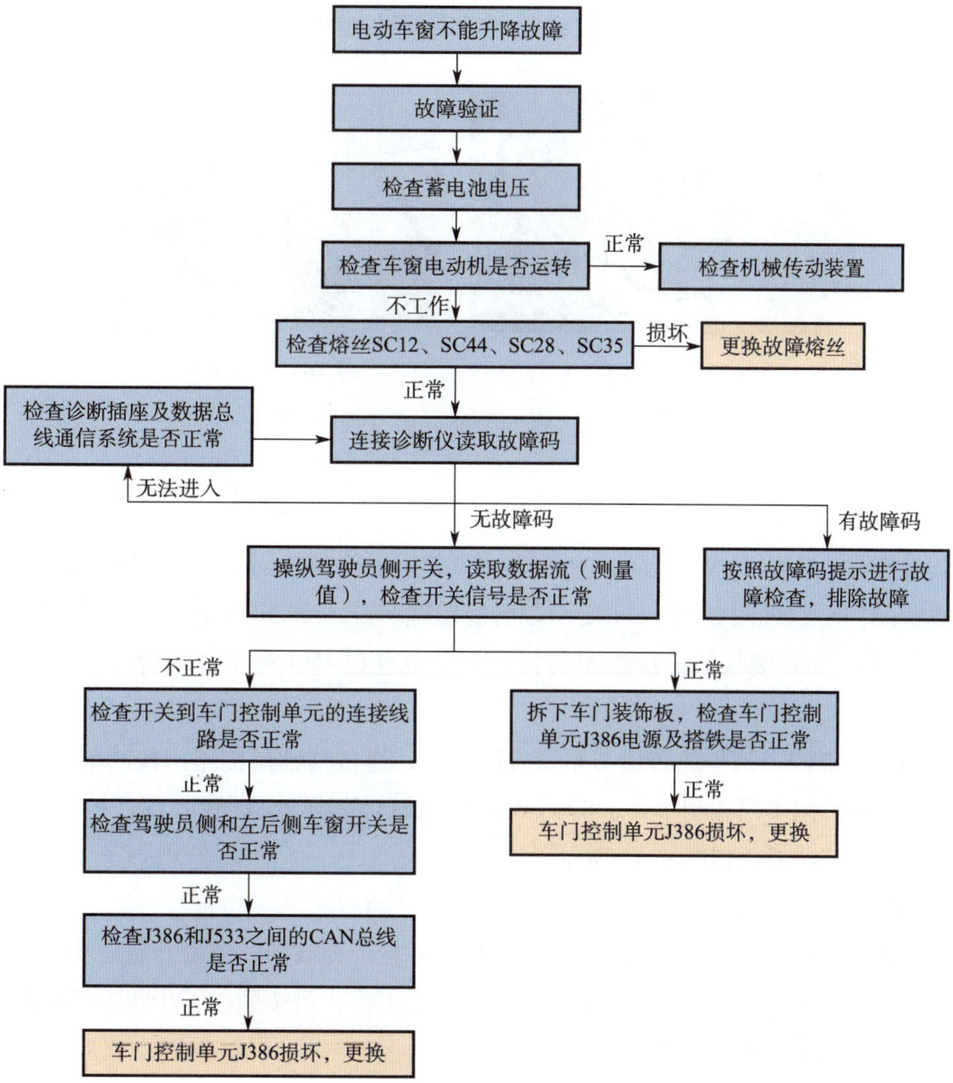

图 9-8 电动车窗不能升降故障诊断树

（六）电动后视镜的组成、工作原理及检查方法

1. 电动后视镜的组成

汽车的电动后视镜一般由镜片、驱动电动机、控制电路及后视镜调节开关等部分组成，如图 9-9 所示。多数车型后视镜都集成了转向灯功能、后视镜加热功能、后视镜折叠功能等。

在每个后视镜镜片的背后都有两个可逆电动机，可操纵其上下、左右运动，如图 9-10 所示。

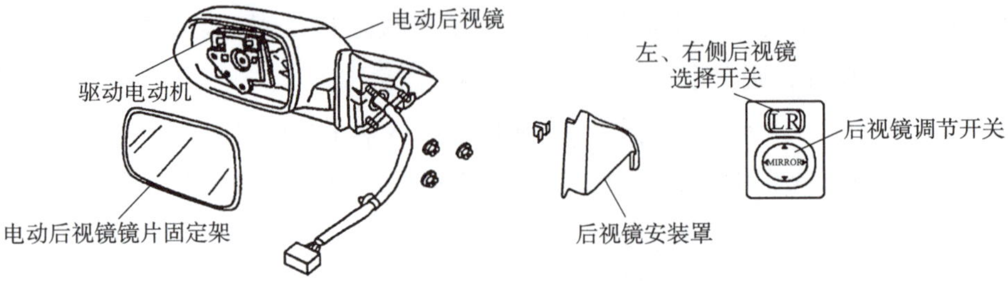

图 9-9　电动后视镜的组成

a）驱动电动机

b）后视镜调节开关

图 9-10　驱动电动机和后视镜调节开关

2. 电动后视镜的工作原理

由于大众迈腾轿车采用 CAN 数据总线传输方式，其后视镜调节及控制方式与传统控制方式不同。

电动后视镜的控制原理图如图 9-11 所示。后视镜调节开关 E43 将调节信号传递给车门控制单元 J386，车门控制单元 J386 接收信号后控制后视镜调节电动机 V17 和 V149 动作，实现后视镜镜片的调整。

其中，右侧后视镜调节信号的传递与车窗升降一样，通过驾驶员侧车门控制单元 J386 经 CAN 数据总线传递给副驾驶员侧车门控制单元 J387，然后副驾驶员侧车门控制单元 J387 控制右侧后视镜调节电动机动作，实现调节功能，如图 9-12 所示。

3. 电动后视镜的检查方法

电动后视镜是车身两侧最外凸的部件，为易损件，一旦外壳破损、镜面开裂应及时更换新件。

若操纵控制开关时镜面不能达到所需的位置或镜面不工作，可按照以下步骤进行检查：

（1）检查车门控制单元电源和搭铁。

（2）检查后视镜调节开关。

（3）检查线路的通断。

（4）检查电动机的工作情况和传动机构是否磨损、损坏等，必要时更换新件。

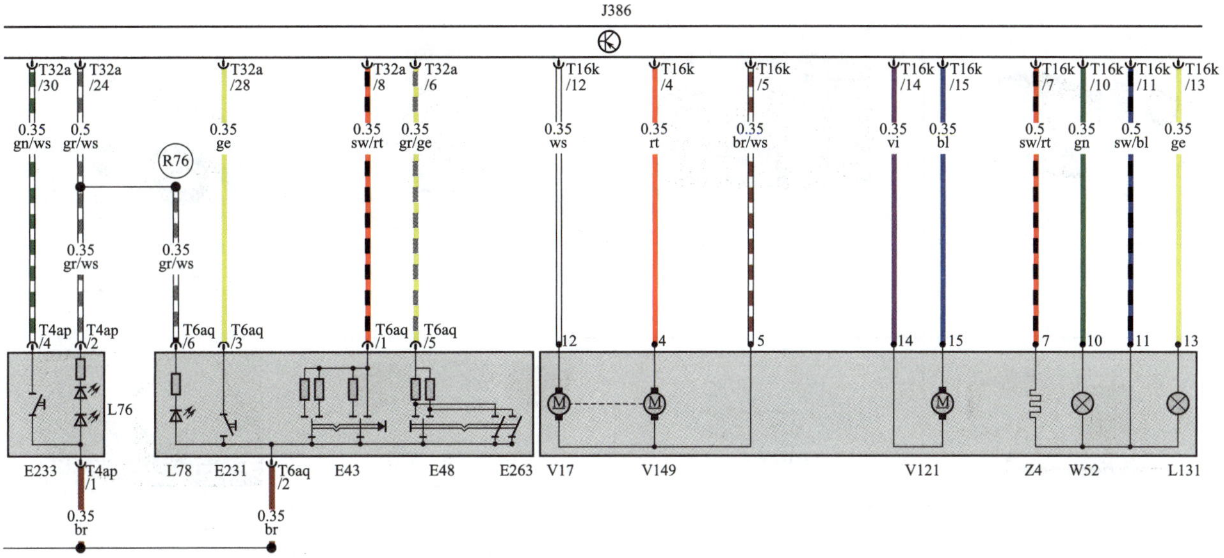

图 9-11 电动后视镜的控制原理图

E43—后视镜调节开关 L76—按钮照明灯 L131—驾驶员侧车外后视镜警告灯 E48—后视镜调节转换开关 L78—后视镜调节开关照明灯 T16k—16 芯插接器 E231—车外后视镜加热按钮 T4ap—4 芯插接器 V17、V149—驾驶员侧后视镜调节电动机 E233—后盖遥控开锁按钮 T6aq—6 芯插接器 V121—驾驶员侧后视镜折叠电动机 E263—后视镜折叠开关 T32a—32 芯插接器 J386—驾驶员侧车门控制单元 W52—驾驶员侧车外后视镜内的登车照明灯 Z4—驾驶员侧车外后视镜加热器

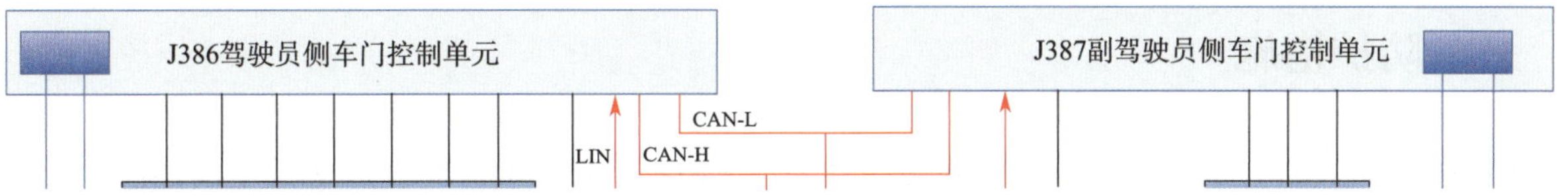

图 9-12 右侧后视镜调节信号的传递

二、任务准备

选出完成本任务所需的工具、设备、资料等。

	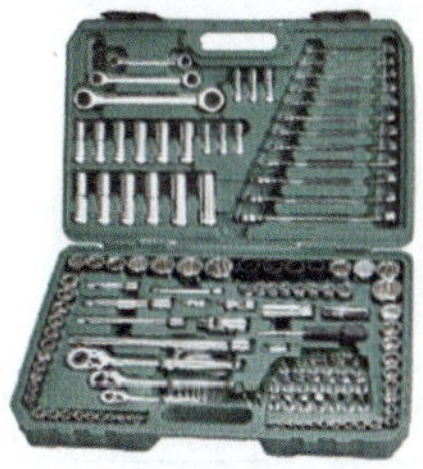	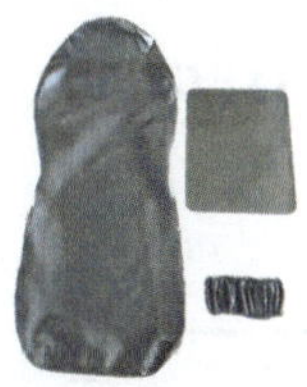	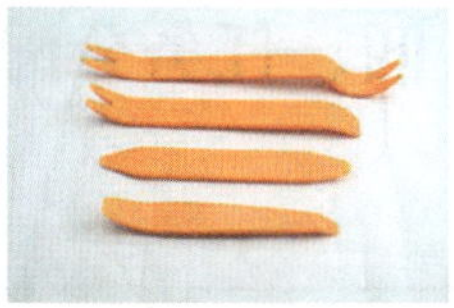
工具车	常用工具套装	三件套	内饰撬板套装

<table>
<tr><td></td><td>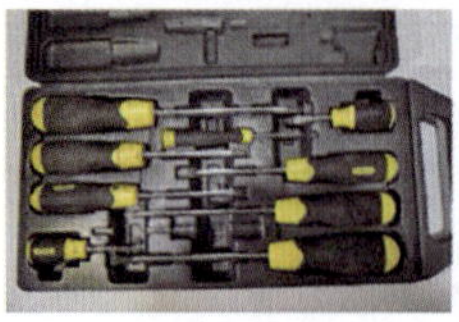</td><td>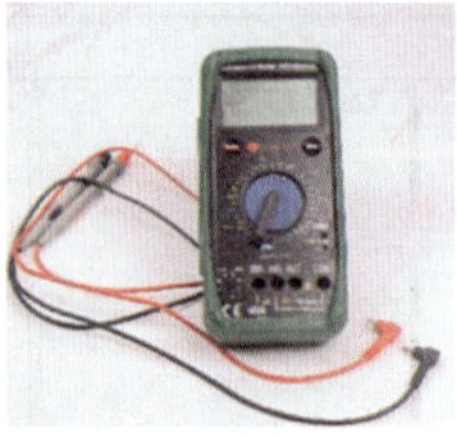</td><td>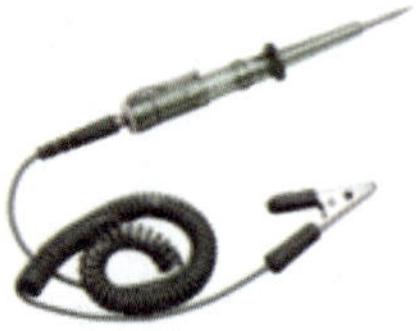</td></tr>
<tr><td>诊断仪</td><td>旋具套装</td><td>万用表</td><td>二极管试灯</td></tr>
<tr><td></td><td></td><td></td><td></td></tr>
<tr><td>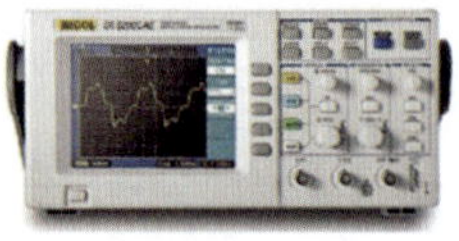</td><td></td><td></td><td></td></tr>
<tr><td>示波器</td><td>抹布</td><td>熔丝</td><td>后视镜调节开关</td></tr>
<tr><td></td><td></td><td></td><td></td></tr>
<tr><td colspan="2"></td><td colspan="2"></td></tr>
<tr><td colspan="2">实训车辆</td><td colspan="2">维修手册</td></tr>
<tr><td colspan="2"></td><td colspan="2"></td></tr>
</table>

三、防护措施

1. 进入车间应穿工鞋，戴工帽；工作服应整洁，无破损；操作时不可戴手表等金属饰品，以防划伤车辆表面。

2. 维修操作前应铺设三件套及翼子板布，发动机启动前应确保其他人员远离车辆。

3. 更换油液或配件时应处理好油液和配件的回收清理工作，以免对工作环境造成污染。

4. 任何时间操作电气设备时都应注意用电安全，作业结束后，应及时切断用电设备的电源。

5. 操作过程中应做到油品、工具、配件三不落地，作业完毕应及时清理车间工作场地，做到现场 5S 管理。

四、任务分配（见表 9-3）

表 9-3　任务分配表

<table>
<tr><th>职务</th><th>代码</th><th>姓名</th><th>工作内容</th></tr>
<tr><td>组长</td><td>A</td><td></td><td>监督、管理组员工作</td></tr>
<tr><td rowspan="2">组员</td><td>B</td><td></td><td rowspan="2">准备实训所需车辆及零配件</td></tr>
<tr><td>C</td><td></td></tr>
</table>

续表

职务	代码	姓名	工作内容
组员	D		准备实训所需工具及维修手册
	E		

五、任务实施

（一）操作流程

完成表 9-4 中工作内容的排序并将内容补充完整。

表 9-4　电动车窗、电动后视镜故障诊断与维修操作步骤

项目	序号	工作内容
安全防护与准备工作		打开驾驶员侧车门，铺设三件套
		打开发动机舱盖，铺设翼子板布
故障验证		打开点火开关，分别操纵四门车窗开关，查看对应车窗玻璃是否正常上升和下降
		分别操纵左侧后视镜、右侧后视镜调节开关，查看对应后视镜是否正常随之调整
		操纵后视镜折叠开关，查看后视镜是否正常折叠
检查电动车窗故障		连接诊断仪，打开点火开关，读取“左前门控制单元”故障码，并读取车窗开关测量值，操纵车窗开关，观察测量值有无变化；进入“作动器诊断”，检查左前门车窗玻璃能否正常升降
		如果操纵车窗开关时车窗开关的测量值一直没有变化，则检查车窗开关及其线束是否正常
		拆卸左前门玻璃升降器开关，从左前门玻璃升降器开关插接器的 T10t/4、T10t/5 号端子处分别引出两根线，使用万用表测量 T10t/4 号端子和 T10t/5 号端子之间的电阻值。开关在上升位置时，开关的电阻值为 ________ Ω；开关在下降位置时，开关的电阻值为 ________ Ω；开关在一键上升位置时，开关的电阻值为 ________ Ω；开关在一键下降位置时，开关的电阻值为 ________ Ω。线束标准电阻值应为 0.5 Ω，如果电阻值异常，检查线束
		拆卸左前门控制单元 J386，装回其插接器，连接诊断仪，打开点火开关，进入车辆自诊断，进入“左前门控制单元”→“作动器诊断”，检查左前门玻璃升降器电动机是否转动，如果不转动，则更换新的左前门控制单元 J386
		拆卸左前门装饰板，拔下左前门控制单元插接器，使用万用表测量左前门车窗玻璃升降器开关插接器的 T10t/5 号端子到左前门控制单元 J386 的 T32a/31 号端子之间线束的电阻值，使用万用表测量左前门玻璃升降器开关插接器的 T10t/4 号端子到搭铁之间线束的电阻值。线束标准电阻值应为 0.5 Ω，如果电阻值异常，检查线束
		如果读取的左前门玻璃升降器开关的测量值正常，而执行“作动器诊断”时，左前门车窗玻璃不能正常升降，则检查左前门玻璃升降器电动机是否正常
检查电动后视镜故障		连接诊断仪，打开点火开关，读取“左前门控制单元”故障码，并读取后视镜调节开关测量值，操纵左侧后视镜调节开关，观察测量值有无变化；进入“作动器诊断”，检查左侧后视镜能否正常调节
		如果操纵左侧后视镜开关时，读取的左侧后视镜开关测量值没有变化，则应检查左侧后视镜开关及其线束是否正常
		使用万用表测量左侧后视镜开关的 T6aq/1 号端子到左前门控制单元 J386 的 T32a/8 号端子之间线束的电阻值；测量左侧后视镜开关的 T6aq/5 号端子到左前门控制单元 J386 的 T32a/6 号端子之间线束的电阻值；测量左侧后视镜开关的 T6aq/2 号端子到搭铁之间线束的电阻值。线束标准电阻值应为 0.5 Ω，如果电阻值异常，检查线束

续表

项目	序号	工作内容
检查电动后视镜故障		拆卸左侧后视镜开关，从左侧后视镜开关的 T6aq/5、T6aq/2 号端子处分别引出两根线，将后视镜调节转换开关切换到左侧车外后视镜调节，使用万用表测量左侧后视镜开关的 T6aq/5、T6aq/2 号端子之间的电阻值，正常应为_________ Ω
		从左侧后视镜开关的 T6aq/1、T6aq/2 号端子引出两根线，使用万用表测量左侧后视镜开关的 T6aq/1、T6aq/2 号端子之间的电阻值。当向上调节左侧后视镜镜片时，开关的电阻值为_________ Ω；当向下调节左侧后视镜镜片时，开关的电阻值为_________ Ω；当向左调节左侧后视镜镜片时，开关的电阻值为_________ Ω；当向右调节左侧后视镜镜片时，开关的电阻值为_________ Ω。线束标准电阻值应为 0.5 Ω，如果电阻值异常，检查线束
		如果读取的左侧后视镜开关测量值正常，而执行“作动器诊断”时，左侧后视镜镜片无法调节，则检查左侧后视镜调节电动机是否正常
		拆卸左侧后视镜调节电动机插接器，分别使用万用表测量左侧后视镜调节电动机插接器的 5 号和 12 号、4 号和 5 号端子间的电阻值，正常应分别为_________ Ω、_________ Ω，如果电阻值不正常，则更换左侧后视镜总成；如果电阻值正常，则更换左前门控制单元 J386
检查与整理		检查更换新的部件后故障是否排除，并安装拆卸的部件
		撤去翼子板布及三件套，整理工具及现场卫生

（二）实施记录

结合实施过程，对照表 9-5 所列检查项目进行检查，并记录实际的检查结果。

表 9-5　电动车窗、电动后视镜故障诊断与维修实施记录

序号	检查项目	故障检查	故障记录
1	安全防护与准备工作	打开驾驶员侧车门，铺设三件套 □ 打开发动机舱盖，铺设翼子板布 □	完成情况：
2	故障验证及基础检查	蓄电池电压：_________ V 全部车窗不能升降 □　个别车窗不能升降 □ 电动机正常，车窗不升降 □　车窗升降异响 □ 车窗电动机不工作 □　车窗玻璃升降器损坏 □　机械传动机构故障 □ 车窗熔丝正常 □　车窗熔丝损坏 □　后视镜调节正常 □ 损坏的熔丝：SC12 □　SC44 □　SC28 □　SC35 □	检查出的故障：
3	电动车窗及电动后视镜故障自诊断	正确连接诊断仪 □　不能进入自诊断 □　可以进入自诊断 □ 诊断插座 U31 检查 □　相关熔丝检查 □　网关 J533 检查 □ 舒适系统中央控制单元 J393 电源、搭铁、熔丝检查 □ 网关 J533 电源、搭铁、熔丝检查 □ 检查诊断插座 U31 与网关 J533 之间的 CAN 数据总线连接是否正常：是 □　否 □ 电动车窗 CAN 数据总线波形：正常 □　错误 □ 读取故障码：有故障码 □　无故障码 □ 读取各车窗开关数据流：有车窗开关信号 □　无车窗开关信号 □ 读取后视镜调节开关测量值：测量值有变化 □　测量值无变化 □ 故障码记录：____________________	检查出的故障：

续表

序号	检查项目	故障检查	故障记录
4	电动车窗控制电路及电动后视镜控制电路检查	检查左前门控制单元 J386：工作电源正常 □ 工作电源不正常 □ 搭铁良好 □ 搭铁故障 □ 检查左前门控制单元 J386 到车窗开关之间的导线：线路良好 □ 线路故障 □ 检查左前门控制单元 J386 与舒适系统中央控制单元 J393 之间的 CAN 数据总线：线路良好 □ 线路故障 □ 左前车窗开关检查：正常 □ 故障 □ 左后车窗开关检查：正常 □ 故障 □ 右前车窗开关检查：正常 □ 故障 □ 右后车窗开关检查：正常 □ 故障 □ 左侧后视镜调节电动机检查：正常 □ 故障 □ 左前门控制单元 J386 检查：良好 □ 损坏 □	检查出的故障：
5	其他		检查出的故障：
6	整理	撤去翼子板布及三件套 □ 整理工具及现场卫生 □	完成情况：
根据任务实施流程和故障排除过程，总结电动车窗、电动后视镜故障排除思路，并填写在下面： 1. ____________ 2. ____________ 3. ____________ 4. ____________ 5. ____________ 6. ____________			

六、检查

（一）自检

结合本组任务操作过程，对任务执行过程中的操作规范性进行检查，检查操作过程中是否存在以下问题，分析讨论应如何避免并总结规范的操作方法（见表 9-6）。

表 9-6　自检

检查项目	结果
车辆停放位置是否合适，是否将变速器置于空挡并拉紧驻车制动器	是 □　否 □
是否使用三件套对车辆进行防护	是 □　否 □
电动车窗故障验证是否准确	是 □　否 □

续表

检查项目	结果
电动车窗数据总线波形是否正常	是 □　否 □
是否能进行电动车窗故障自诊断	是 □　否 □
车窗开关数据流（测量值）是否正确	是 □　否 □
电动车窗控制单元、车窗开关、熔丝是否损坏	是 □　否 □
车窗不能升降故障是否排除	是 □　否 □
电动后视镜故障验证是否准确	是 □　否 □
是否能进行电动后视镜故障自诊断	是 □　否 □
左侧后视镜调节电动机是否正常	是 □　否 □
电动后视镜故障是否排除	是 □　否 □
工作场地是否清洁，车辆是否复位	是 □　否 □

（二）互检

组与组之间相互进行任务操作过程及结果检查，并把检查结果填写在表 9-7 中。

表 9-7　互检

检查项目	结果
车辆停放位置是否合适，是否将变速器置于空挡并拉紧驻车制动器	是 □　否 □
是否使用三件套对车辆进行防护	是 □　否 □
电动车窗故障验证是否准确	是 □　否 □
电动车窗数据总线波形是否正常	是 □　否 □
是否能进行电动车窗故障自诊断	是 □　否 □
车窗开关数据流（测量值）是否正确	是 □　否 □
电动车窗控制单元、车窗开关、熔丝是否损坏	是 □　否 □
车窗不能升降故障是否排除	是 □　否 □
电动后视镜故障验证是否准确	是 □　否 □
是否能进行电动后视镜故障自诊断	是 □　否 □
左侧后视镜调节电动机是否正常	是 □　否 □
电动后视镜故障是否排除	是 □　否 □
工作场地是否清洁，车辆是否复位	是 □　否 □

七、课堂小结

任务十　电动车窗、电动后视镜故障诊断与维修（二）

电动车窗、电动后视镜故障诊断与维修任务工单——电动后视镜检修						
客户信息	客户姓名		联系电话		接单日期	
车辆信息	车辆品牌		出厂日期		特殊配置	
	车辆年款		车身颜色			
故障信息	灯光系统故障 ☐		静态转向灯故障 ☐		天窗故障 ☐	
	自动雨刮故障 ☐		电动座椅故障 ☐		电动车窗、电动后视镜故障 ☐	
	无钥匙进入系统故障 ☐		无钥匙启动系统故障 ☐		车载逆变器故障 ☐	
	安全气囊系统故障 ☐		其他 ☐			
	客户描述：					

车辆外观检查		车辆内饰检查	
凹凸 ☐	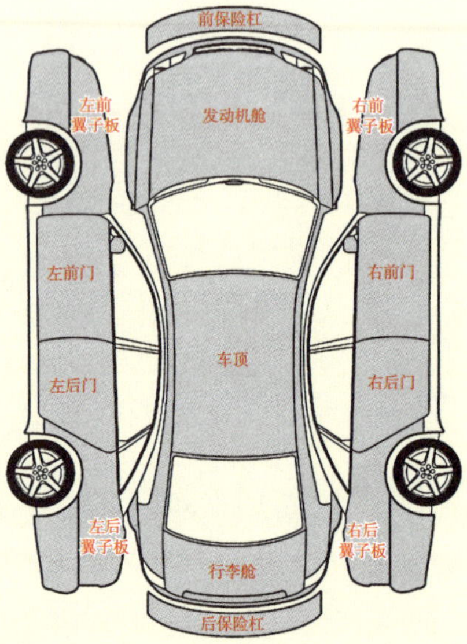	污渍 ☐	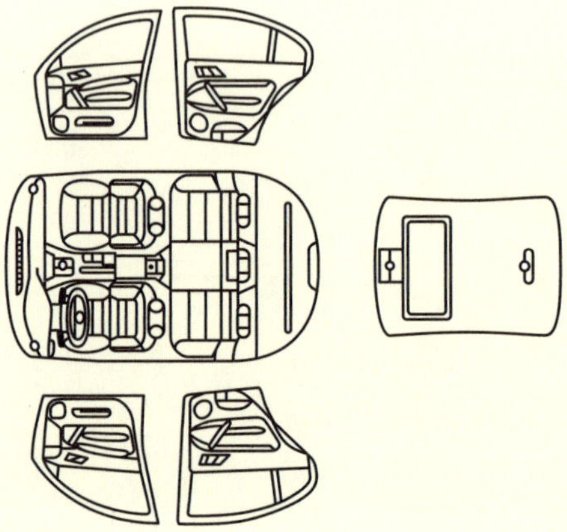
划痕 ☐		破损 ☐	
石击 ☐		色斑 ☐	
油漆 ☐		变形 ☐	

明确具体工作任务	

任务目标

- 能够熟练地对汽车电动车窗故障进行诊断与维修
- 能够熟练地对汽车电动后视镜故障进行诊断与维修

续表

任务内容	● 电动车窗的应用、组成及控制功能 ● 电动车窗常见故障及故障原因分析 ● 电动车窗不能升降故障诊断流程及故障诊断树 ● 电动后视镜的组成、工作原理及检查方法
任务重点	● 电动车窗常见故障及故障原因分析 ● 电动后视镜的组成、工作原理及检查方法

一、任务准备

选出完成本任务所需的工具、设备、资料等。

	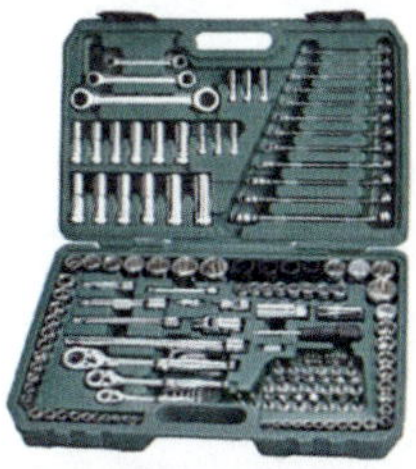		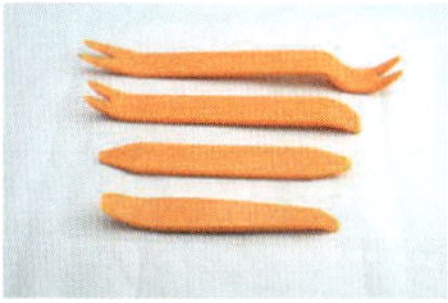
工具车	常用工具套装	三件套	内饰撬板套装
	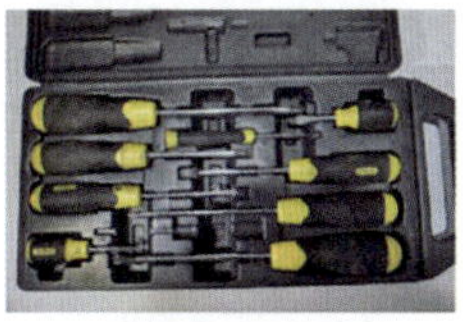	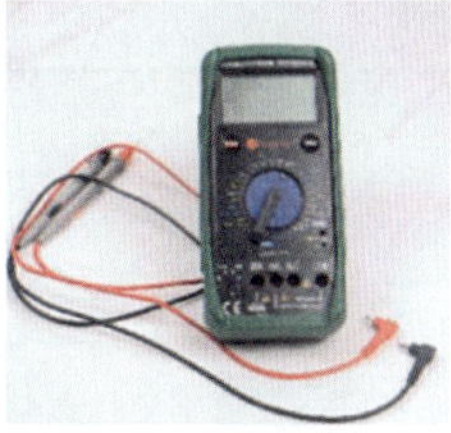	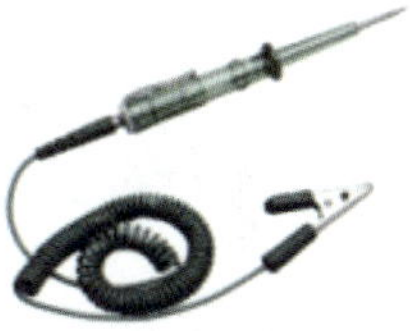
诊断仪	旋具套装	万用表	二极管试灯
		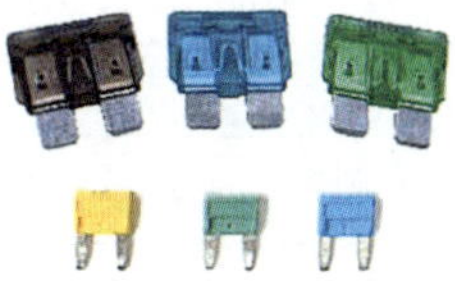	
示波器	抹布	熔丝	后视镜调节开关

实训车辆		维修手册	

二、防护措施

1. 进入车间应穿工鞋，戴工帽；工作服应整洁，无破损；操作时不可戴手表等金属饰品，以防划伤车辆表面。

2. 维修操作前应铺设三件套及翼子板布，发动机启动前应确保其他人员远离车辆。

3. 更换油液或配件时应处理好油液和配件的回收清理工作，以免对工作环境造成污染。

4. 任何时间操作电气设备时都应注意用电安全，作业结束后，应及时切断用电设备的电源。

5. 操作过程中应做到油品、工具、配件三不落地，作业完毕应及时清理车间工作场地，做到现场5S管理。

三、任务分配（见表10-1）

表10-1　任务分配表

职务	代码	姓名	工作内容
组长	A		监督、管理组员工作
组员	B		准备实训所需车辆及零配件
	C		
	D		准备实训所需工具及维修手册
	E		

四、任务实施

（一）操作流程

完成表10–2中工作内容的排序并将内容补充完整。

表10-2　电动车窗、电动后视镜故障诊断与维修操作步骤

项目	序号	工作内容
安全防护与准备工作		打开驾驶员侧车门，铺设三件套
		打开发动机舱盖，铺设翼子板布
故障验证		操纵后视镜折叠开关，查看后视镜是否正常折叠
		打开点火开关，分别操纵四门车窗开关，查看对应车窗玻璃是否正常上升和下降
		分别操纵左侧后视镜、右侧后视镜调节开关，查看对应后视镜是否正常随之调整
检查电动车窗故障		拆卸左前门玻璃升降器开关，从左前门玻璃升降器开关插接器的T10t/4、T10t/5号端子处分别引出两根线，使用万用表测量T10t/4号端子和T10t/5号端子之间的电阻值。开关在上升位置时，开关的电阻值为________Ω；开关在下降位置时，开关的电阻值为________Ω；开关在一键上升位置时，开关的电阻值为________Ω；开关在一键下降位置时，开关的电阻值为________Ω。线束标准电阻值应为0.5Ω，如果电阻值异常，检查线束

续表

项目	序号	工作内容
检查电动车窗故障		连接诊断仪，打开点火开关，读取“左前门控制单元”故障码，并读取车窗开关测量值，操纵车窗开关，观察测量值有无变化；进入“作动器诊断”，检查左前门车窗玻璃能否正常升降
		如果操纵车窗开关时车窗开关的测量值一直没有变化，则检查车窗开关及其线束是否正常
		拆卸左前门装饰板，拔下左前门控制单元插接器，使用万用表测量左前门车窗玻璃升降器开关插接器的 T10t/5 号端子到左前门控制单元 J386 的 T32a/31 号端子之间线束的电阻值，使用万用表测量左前门玻璃升降器开关插接器的 T10t/4 号端子到搭铁之间线束的电阻值。线束标准电阻值应为 0.5 Ω，如果电阻值异常，检查线束
		如果读取的左前门玻璃升降器开关的测量值正常，而执行“作动器诊断”时，左前门车窗玻璃不能正常升降，则检查左前门玻璃升降器电动机是否正常
		拆卸左前门控制单元 J386，装回其插接器，连接诊断仪，打开点火开关，进入车辆自诊断，进入“左前门控制单元”→“作动器诊断”，检查左前门玻璃升降器电动机是否转动，如果不转动，则更换新的左前门控制单元 J386
检查电动后视镜故障		连接诊断仪，打开点火开关，读取“左前门控制单元”故障码，并读取后视镜调节开关测量值，操纵左侧后视镜调节开关，观察测量值有无变化；进入“作动器诊断”，检查左侧后视镜能否正常调节
		从左侧后视镜开关的 T6aq/1、T6aq/2 号端子引出两根线，使用万用表测量左侧后视镜开关的 T6aq/1、T6aq/2 号端子之间的电阻值。当向上调节左侧后视镜镜片时，开关的电阻值为_________ Ω；当向下调节左侧后视镜镜片时，开关的电阻值为_________ Ω；当向左调节左侧后视镜镜片时，开关的电阻值为_________ Ω；当向右调节左侧后视镜镜片时，开关的电阻值为_________ Ω。线束标准电阻值应为 0.5 Ω，如果电阻值异常，检查线束
		如果操纵左侧后视镜开关时，读取的左侧后视镜开关测量值没有变化，则应检查左侧后视镜开关及其线束是否正常
		拆卸左侧后视镜开关，从左侧后视镜开关的 T6aq/5、T6aq/2 号端子处分别引出两根线，将后视镜调节转换开关切换到左侧车外后视镜调节，使用万用表测量左侧后视镜开关的 T6aq/5、T6aq/2 号端子之间的电阻值，正常应为_________ Ω
		使用万用表测量左侧后视镜开关的 T6aq/1 号端子到左前门控制单元 J386 的 T32a/8 号端子之间线束的电阻值；测量左侧后视镜开关的 T6aq/5 号端子到左前门控制单元 J386 的 T32a/6 号端子之间线束的电阻值；测量左侧后视镜开关的 T6aq/2 号端子到搭铁之间线束的电阻值。线束标准电阻值应为 0.5 Ω，如果电阻值异常，检查线束
		如果读取的左侧后视镜开关测量值正常，而执行“作动器诊断”时，左侧后视镜镜片无法调节，则检查左侧后视镜调节电动机是否正常
		拆卸左侧后视镜调节电动机插接器，分别使用万用表测量左侧后视镜调节电动机插接器的 5 号和 12 号、4 号和 5 号端子间的电阻值，正常应分别为_________ Ω、_________ Ω，如果电阻值不正常，则更换左侧后视镜总成；如果电阻值正常，则更换左前门控制单元 J386
检查与整理		检查更换新的部件后故障是否排除，并安装拆卸的部件
		撤去翼子板布及三件套，整理工具及现场卫生

（二）实施记录

结合实施过程，对照表 10-3 所列检查项目进行检查，并记录实际的检查结果。

表 10-3 电动车窗、电动后视镜故障诊断与维修实施记录

序号	检查项目	故障检查	故障记录
1	安全防护与准备工作	打开驾驶员侧车门，铺设三件套 □ 打开发动机舱盖，铺设翼子板布 □	完成情况：
2	故障验证及基础检查	蓄电池电压：________ V 全部车窗不能升降 □ 个别车窗不能升降 □ 电动机正常，车窗不升降 □ 车窗升降异响 □ 车窗电动机不工作 □ 车窗玻璃升降器损坏 □ 机械传动机构故障 □ 车窗熔丝正常 □ 车窗熔丝损坏 □ 后视镜调节正常 □ 损坏的熔丝：SC12 □ SC44 □ SC28 □ SC35 □	检查出的故障：
3	电动车窗及电动后视镜故障自诊断	正确连接诊断仪 □ 不能进入自诊断 □ 可以进入自诊断 □ 诊断插座 U31 检查 □ 相关熔丝检查 □ 网关 J533 检查 □ 舒适系统中央控制单元 J393 电源、搭铁、熔丝检查 □ 网关 J533 电源、搭铁、熔丝检查 □ 检查诊断插座 U31 与网关 J533 之间的 CAN 数据总线连接是否正常：是 □ 否 □ 电动车窗 CAN 数据总线波形：正常 □ 错误 □ 读取故障码：有故障码 □ 无故障码 □ 读取各车窗开关数据流：有车窗开关信号 □ 无车窗开关信号 □ 读取后视镜调节开关测量值：测量值有变化 □ 测量值无变化 □ 故障码记录：________________________________	检查出的故障：
4	电动车窗控制电路及电动后视镜控制电路检查	检查左前门控制单元 J386：工作电源正常 □ 工作电源不正常 □ 搭铁良好 □ 搭铁故障 □ 检查左前门控制单元 J386 到车窗开关之间的导线：线路良好 □ 线路故障 □ 检查左前门控制单元 J386 与舒适系统中央控制单元 J393 之间的 CAN 数据总线：线路良好 □ 线路故障 □ 左前车窗开关检查：正常 □ 故障 □ 左后车窗开关检查：正常 □ 故障 □ 右前车窗开关检查：正常 □ 故障 □ 右后车窗开关检查：正常 □ 故障 □ 左侧后视镜调节电动机检查：正常 □ 故障 □ 左前门控制单元 J386 检查：良好 □ 损坏 □	检查出的故障：
5	其他		检查出的故障：
6	整理	撤去翼子板布及三件套 □ 整理工具及现场卫生 □	完成情况：

根据任务实施流程和故障排除过程，总结电动车窗、电动后视镜故障排除思路，并填写在下面：

1. ________________________________

2. ________________________________

3. ________________________________

4. ________________________________

5. ________________________________

6. ________________________________

五、检查

（一）自检

结合本组任务操作过程，对任务执行过程中的操作规范性进行检查，检查操作过程中是否存在以下问题，分析讨论应如何避免并总结规范的操作方法（见表 10–4）。

表 10–4 自检

检查项目	结果
车辆停放位置是否合适，是否将变速器置于空挡并拉紧驻车制动器	是 □ 否 □
是否使用三件套对车辆进行防护	是 □ 否 □
电动车窗故障验证是否准确	是 □ 否 □
电动车窗数据总线波形是否正常	是 □ 否 □
是否能进行电动车窗故障自诊断	是 □ 否 □
车窗开关数据流（测量值）是否正确	是 □ 否 □
电动车窗控制单元、车窗开关、熔丝是否损坏	是 □ 否 □
车窗不能升降故障是否排除	是 □ 否 □
电动后视镜故障验证是否准确	是 □ 否 □
是否能进行电动后视镜故障自诊断	是 □ 否 □
左侧后视镜调节电动机是否正常	是 □ 否 □
电动后视镜故障是否排除	是 □ 否 □
工作场地是否清洁，车辆是否复位	是 □ 否 □

（二）互检

组与组之间相互进行任务操作过程及结果检查，并把检查结果填写在表 10–5 中。

表 10–5 互检

检查项目	结果
车辆停放位置是否合适，是否将变速器置于空挡并拉紧驻车制动器	是 □ 否 □
是否使用三件套对车辆进行防护	是 □ 否 □
电动车窗故障验证是否准确	是 □ 否 □
电动车窗数据总线波形是否正常	是 □ 否 □
是否能进行电动车窗故障自诊断	是 □ 否 □
车窗开关数据流（测量值）是否正确	是 □ 否 □
电动车窗控制单元、车窗开关、熔丝是否损坏	是 □ 否 □
车窗不能升降故障是否排除	是 □ 否 □
电动后视镜故障验证是否准确	是 □ 否 □
是否能进行电动后视镜故障自诊断	是 □ 否 □

续表

检查项目	结果
左侧后视镜调节电动机是否正常	是 □ 否 □
电动后视镜故障是否排除	是 □ 否 □
工作场地是否清洁，车辆是否复位	是 □ 否 □

六、课堂小结

任务十一　电动车窗、电动后视镜故障诊断与维修（三）

<table>
<tr><th colspan="7">电动车窗、电动后视镜故障诊断与维修任务工单——综合检修</th></tr>
<tr><td>客户信息</td><td>客户姓名</td><td></td><td>联系电话</td><td></td><td>接单日期</td><td></td></tr>
<tr><td rowspan="2">车辆信息</td><td>车辆品牌</td><td></td><td>出厂日期</td><td></td><td rowspan="2">特殊配置</td><td rowspan="2"></td></tr>
<tr><td>车辆年款</td><td></td><td>车身颜色</td><td></td></tr>
<tr><td>故障信息</td><td colspan="6">灯光系统故障 □　静态转向灯故障 □　天窗故障 □
自动雨刮故障 □　电动座椅故障 □　电动车窗、电动后视镜故障 □
无钥匙进入系统故障 □　无钥匙启动系统故障 □　车载逆变器故障 □
安全气囊系统故障 □　其他 □
客户描述：</td></tr>
<tr><th colspan="3">车辆外观检查</th><th colspan="4">车辆内饰检查</th></tr>
<tr><td>凹凸 □
划痕 □
石击 □
油漆 □</td><td colspan="2">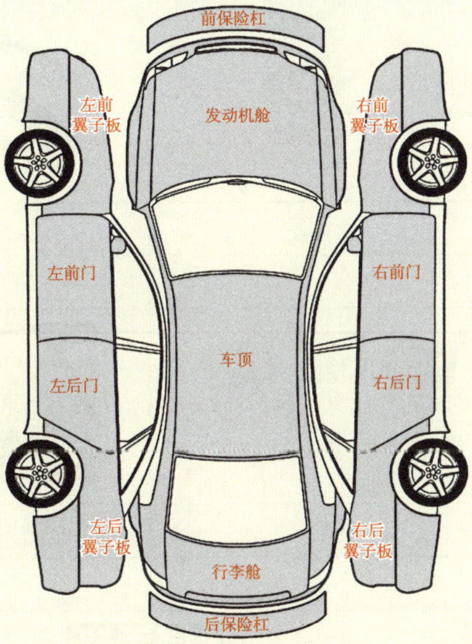
</td><td>污渍 □
破损 □
色斑 □
变形 □</td><td colspan="3">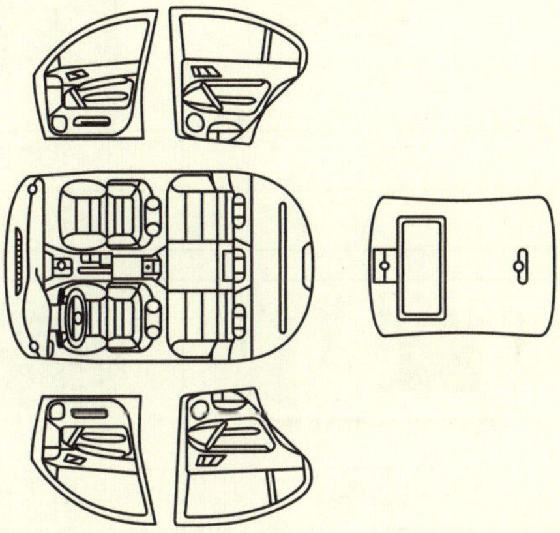</td></tr>
<tr><td>明确具体工作任务</td><td colspan="6"></td></tr>
</table>

任务目标

- 能够熟练地对汽车电动车窗故障进行诊断与维修
- 能够熟练地对汽车电动后视镜故障进行诊断与维修

续表

任务内容	● 电动车窗的应用、组成及控制功能 ● 电动车窗常见故障及故障原因分析 ● 电动车窗不能升降故障诊断流程及故障诊断树 ● 电动后视镜的组成、工作原理及检查方法
任务重点	● 电动车窗常见故障及故障原因分析 ● 电动后视镜的组成、工作原理及检查方法

一、任务准备

选出完成本任务所需的工具、设备、资料等。

	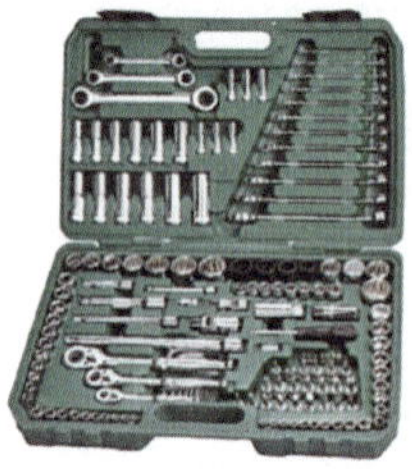		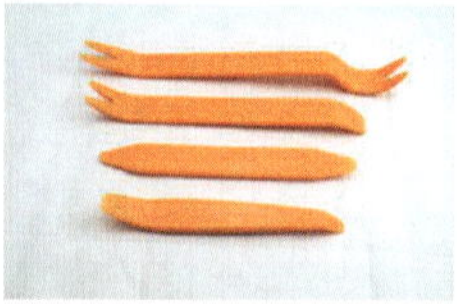
工具车	常用工具套装	三件套	内饰撬板套装
	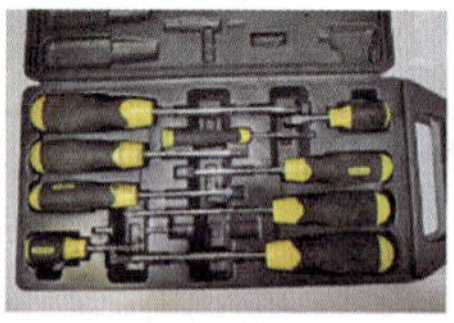	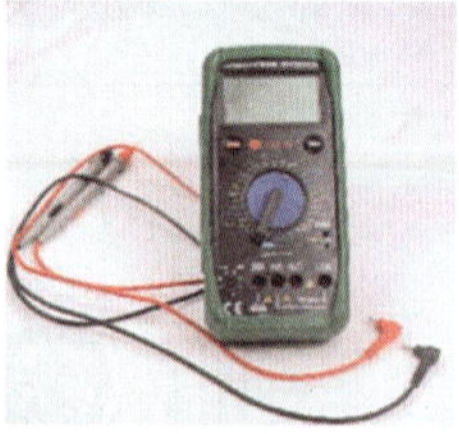	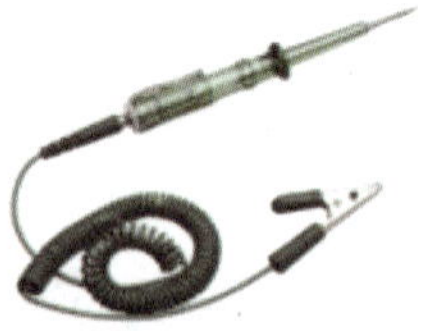
诊断仪	旋具套装	万用表	二极管试灯
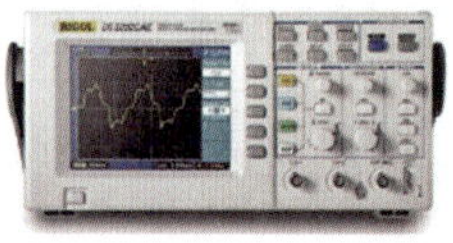			
示波器	抹布	熔丝	后视镜调节开关

实训车辆		维修手册	

二、防护措施

1. 进入车间应穿工鞋，戴工帽；工作服应整洁，无破损；操作时不可戴手表等金属饰品，以防划伤车辆表面。

2. 维修操作前应铺设三件套及翼子板布，发动机启动前应确保其他人员远离车辆。

3. 更换油液或配件时应处理好油液和配件的回收清理工作，以免对工作环境造成污染。

4. 任何时间操作电气设备时都应注意用电安全，作业结束后，应及时切断用电设备的电源。

5. 操作过程中应做到油品、工具、配件三不落地，作业完毕应及时清理车间工作场地，做到现场 5S 管理。

三、任务分配（见表 11-1）

表 11-1　任务分配表

职务	代码	姓名	工作内容
组长	A		监督、管理组员工作
组员	B		准备实训所需车辆及零配件
	C		
	D		准备实训所需工具及维修手册
	E		

四、任务实施

（一）操作流程

完成表 11–2 中工作内容的排序并将内容补充完整。

表 11–2　电动车窗、电动后视镜故障诊断与维修操作步骤

项目	序号	工作内容
安全防护与准备工作		打开驾驶员侧车门，铺设三件套
		打开发动机舱盖，铺设翼子板布
故障验证		打开点火开关，分别操纵四门车窗开关，查看对应车窗玻璃是否正常上升和下降
		操纵后视镜折叠开关，查看后视镜是否正常折叠
		分别操纵左侧后视镜、右侧后视镜调节开关，查看对应后视镜是否正常随之调整
检查电动车窗故障		如果操纵车窗开关时车窗开关的测量值一直没有变化，则检查车窗开关及其线束是否正常
		连接诊断仪，打开点火开关，读取“左前门控制单元”故障码，并读取车窗开关测量值，操纵车窗开关，观察测量值有无变化；进入“作动器诊断”，检查左前门车窗玻璃能否正常升降

续表

项目	序号	工作内容
检查电动车窗故障		拆卸左前门玻璃升降器开关，从左前门玻璃升降器开关插接器的 T10t/4、T10t/5 号端子处分别引出两根线，使用万用表测量 T10t/4 号端子和 T10t/5 号端子之间的电阻值，开关在上升位置时，开关的电阻值为________ Ω；开关在下降位置时，开关的电阻值为________ Ω；开关在一键上升位置时，开关的电阻值为________ Ω；开关在一键下降位置时，开关的电阻值为________ Ω。线束标准电阻值应为 0.5 Ω，如果电阻值异常，检查线束
		如果读取的左前门玻璃升降器开关的测量值正常，而执行“作动器诊断”时，左前门车窗玻璃不能正常升降，则检查左前门玻璃升降器电动机是否正常
		拆卸左前门控制单元 J386，装回其插接器，连接诊断仪，打开点火开关，进入车辆自诊断，进入“左前门控制单元”→“作动器诊断”，检查左前门玻璃升降器电动机是否转动，如果不转动，则更换新的左前门控制单元 J386
		拆卸左前门装饰板，拔下左前门控制单元插接器，使用万用表测量左前门车窗玻璃升降器开关插接器的 T10t/5 号端子到左前门控制单元 J386 的 T32a/31 号端子之间线束的电阻值，使用万用表测量左前门玻璃升降器开关插接器的 T10t/4 号端子到搭铁之间线束的电阻值。线束标准电阻值应为 0.5 Ω，如果电阻值异常，检查线束
检查电动后视镜故障		连接诊断仪，打开点火开关，读取“左前门控制单元”故障码，并读取后视镜调节开关测量值，操纵左侧后视镜调节开关，观察测量值有无变化；进入“作动器诊断”，检查左侧后视镜能否正常调节
		从左侧后视镜开关的 T6aq/1、T6aq/2 号端子引出两根线，使用万用表测量左侧后视镜开关的 T6aq/1、T6aq/2 号端子之间的电阻值。当向上调节左侧后视镜镜片时，开关的电阻值为________ Ω；当向下调节左侧后视镜镜片时，开关的电阻值为________ Ω；当向左调节左侧后视镜镜片时，开关的电阻值为________ Ω；当向右调节左侧后视镜镜片时，开关的电阻值为________ Ω。线束标准电阻值应为 0.5 Ω，如果电阻值异常，检查线束
		使用万用表测量左侧后视镜开关的 T6aq/1 号端子到左前门控制单元 J386 的 T32a/8 号端子之间线束的电阻值；测量左侧后视镜开关的 T6aq/5 号端子到左前门控制单元 J386 的 T32a/6 号端子之间线束的电阻值；测量左侧后视镜开关的 T6aq/2 号端子到搭铁之间线束的电阻值。线束标准电阻值应为 0.5 Ω，如果电阻值异常，检查线束
		如果操纵左侧后视镜开关时，读取的左侧后视镜开关测量值没有变化，则应检查左侧后视镜开关及其线束是否正常
		拆卸左侧后视镜开关，从左侧后视镜开关的 T6aq/5、T6aq/2 号端子处分别引出两根线，将后视镜调节转换开关切换到左侧车外后视镜调节，使用万用表测量左侧后视镜开关的 T6aq/5、T6aq/2 号端子之间的电阻值，正常应为________ Ω
		如果读取的左侧后视镜开关测量值正常，而执行“作动器诊断”时，左侧后视镜镜片无法调节，则检查左侧后视镜调节电动机是否正常
		拆卸左侧后视镜调节电动机插接器，分别使用万用表测量左侧后视镜调节电动机插接器的 5 号和 12 号、4 号和 5 号端子间的电阻值，正常应分别为________ Ω、________ Ω，如果电阻值不正常，则更换左侧后视镜总成；如果电阻值正常，则更换左前门控制单元 J386
检查与整理		检查更换新的部件后故障是否排除，并安装拆卸的部件
		撤去翼子板布及三件套，整理工具及现场卫生

（二）实施记录

结合实施过程，对照表 11-3 所列检查项目进行检查，并记录实际的检查结果。

表 11-3 电动车窗、电动后视镜故障诊断与维修实施记录

序号	检查项目	故障检查	故障记录
1	安全防护与准备工作	打开驾驶员侧车门，铺设三件套 □ 打开发动机舱盖，铺设翼子板布 □	完成情况：
2	故障验证及基础检查	蓄电池电压：________ V 全部车窗不能升降 □ 个别车窗不能升降 □ 电动机正常，车窗不升降 □ 车窗升降异响 □ 车窗电动机不工作 □ 车窗玻璃升降器损坏 □ 机械传动机构故障 □ 车窗熔丝正常 □ 车窗熔丝损坏 □ 后视镜调节正常 □ 损坏的熔丝：SC12 □ SC44 □ SC28 □ SC35 □	检查出的故障：
3	电动车窗及电动后视镜故障自诊断	正确连接诊断仪 □ 不能进入自诊断 □ 可以进入自诊断 □ 诊断插座 U31 检查 □ 相关熔丝检查 □ 网关 J533 检查 □ 舒适系统中央控制单元 J393 电源、搭铁、熔丝检查 □ 网关 J533 电源、搭铁、熔丝检查 □ 检查诊断插座 U31 与网关 J533 之间的 CAN 数据总线连接是否正常：是 □ 否 □ 电动车窗 CAN 数据总线波形：正常 □ 错误 □ 读取故障码：有故障码 □ 无故障码 □ 读取各车窗开关数据流：有车窗开关信号 □ 无车窗开关信号 □ 读取后视镜调节开关测量值：测量值有变化 □ 测量值无变化 □ 故障码记录：________________________________	检查出的故障：
4	电动车窗控制电路及电动后视镜控制电路检查	检查左前门控制单元 J386：工作电源正常 □ 工作电源不正常 □ 搭铁良好 □ 搭铁故障 □ 检查左前门控制单元 J386 到车窗开关之间的导线：线路良好 □ 线路故障 □ 检查左前门控制单元 J386 与舒适系统中央控制单元 J393 之间的 CAN 数据总线：线路良好 □ 线路故障 □ 左前车窗开关检查：正常 □ 故障 □ 左后车窗开关检查：正常 □ 故障 □ 右前车窗开关检查：正常 □ 故障 □ 右后车窗开关检查：正常 □ 故障 □ 左侧后视镜调节电动机检查：正常 □ 故障 □ 左前门控制单元 J386 检查：良好 □ 损坏 □	检查出的故障：
5	其他		检查出的故障：
6	整理	撤去翼子板布及三件套 □ 整理工具及现场卫生 □	完成情况：

根据任务实施流程和故障排除过程，总结电动车窗、电动后视镜故障排除思路，并填写在下面：

1. ________________________________

2. ________________________________

3. ________________________________

4. ________________________________

5. ________________________________

6. ________________________________

五、检查

（一）自检

结合本组任务操作过程，对任务执行过程中的操作规范性进行检查，检查操作过程中是否存在以下问题，分析讨论应如何避免并总结规范的操作方法（见表 11–4）。

表 11–4　自检

检查项目	结果
车辆停放位置是否合适，是否将变速器置于空挡并拉紧驻车制动器	是 □　否 □
是否使用三件套对车辆进行防护	是 □　否 □
电动车窗故障验证是否准确	是 □　否 □
电动车窗数据总线波形是否正常	是 □　否 □
是否能进行电动车窗故障自诊断	是 □　否 □
车窗开关数据流（测量值）是否正确	是 □　否 □
电动车窗控制单元、车窗开关、熔丝是否损坏	是 □　否 □
车窗不能升降故障是否排除	是 □　否 □
电动后视镜故障验证是否准确	是 □　否 □
是否能进行电动后视镜故障自诊断	是 □　否 □
左侧后视镜调节电动机是否正常	是 □　否 □
电动后视镜故障是否排除	是 □　否 □
工作场地是否清洁，车辆是否复位	是 □　否 □

（二）互检

组与组之间相互进行任务操作过程及结果检查，并把检查结果填写在表 11–5 中。

表 11–5　互检

检查项目	结果
车辆停放位置是否合适，是否将变速器置于空挡并拉紧驻车制动器	是 □　否 □
是否使用三件套对车辆进行防护	是 □　否 □
电动车窗故障验证是否准确	是 □　否 □
电动车窗数据总线波形是否正常	是 □　否 □
是否能进行电动车窗故障自诊断	是 □　否 □
车窗开关数据流（测量值）是否正确	是 □　否 □
电动车窗控制单元、车窗开关、熔丝是否损坏	是 □　否 □
车窗不能升降故障是否排除	是 □　否 □
电动后视镜故障验证是否准确	是 □　否 □
是否能进行电动后视镜故障自诊断	是 □　否 □

续表

检查项目	结果
左侧后视镜调节电动机是否正常	是 □　　否 □
电动后视镜故障是否排除	是 □　　否 □
工作场地是否清洁，车辆是否复位	是 □　　否 □

六、课堂小结

情境三

车辆安全系统检修

任务十二　无钥匙进入系统故障诊断与维修（一）

无钥匙进入系统故障诊断与维修任务工单——故障诊断					
客户信息	客户姓名		联系电话	接单日期	
车辆信息	车辆品牌		出厂日期	特殊配置	
	车辆年款		车身颜色		

故障信息			
	灯光系统故障 □	静态转向灯故障 □	天窗故障 □
	自动雨刮故障 □	电动座椅故障 □	电动车窗、电动后视镜故障 □
	无钥匙进入系统故障 □	无钥匙启动系统故障 □	车载逆变器故障 □
	安全气囊系统故障 □	其他 □	
	客户描述：		

车辆外观检查		车辆内饰检查	
凹凸 □	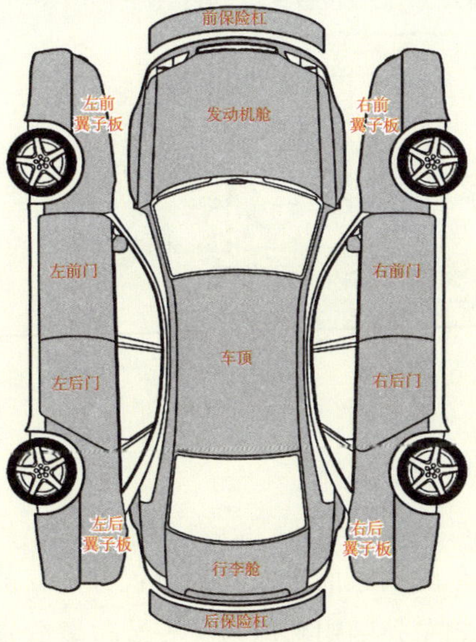	污渍 □	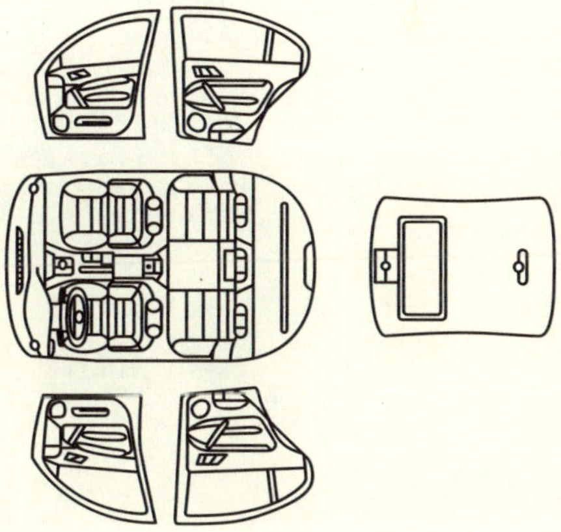
划痕 □		破损 □	
石击 □		色斑 □	
油漆 □		变形 □	

明确具体工作任务	

任务目标

- 能够熟练地对汽车无钥匙进入系统故障进行诊断与维修
- 能够正确地对行李舱自动感应开启故障进行诊断与维修

续表

任务内容	● 无钥匙进入系统及其标准开锁过程 ● 行李舱自动感应开启系统 ● 中控锁系统及其故障检查方法
任务重点	● 无钥匙进入系统开锁过程 ● 中控锁系统及其故障检查方法

一、知识讲解

（一）无钥匙进入系统

无钥匙进入系统即 PKE（passive keyless entry）系统。当驾驶员携带电子钥匙踏进车辆周边指定范围时，无钥匙进入系统能够识别出授权的电子钥匙信息并自动解锁或者经触摸开锁键解锁车辆。

与传统遥控钥匙的区别：传统遥控钥匙使用射频技术给车辆发送信号；而无钥匙进入系统中的电子钥匙是一个身份识别器，由车辆通过射频识别技术（RFID）来检测它并进行识别，省去了传统的遥控钥匙开锁动作。

大众车系中一般称为 KESSY（keyless entry start/exit security system）系统，可实现无钥匙进入和无钥匙启动功能。无钥匙进入系统通常由电子钥匙、天线、舒适系统中央控制单元及相关线束等组成，如图 12-1 所示。

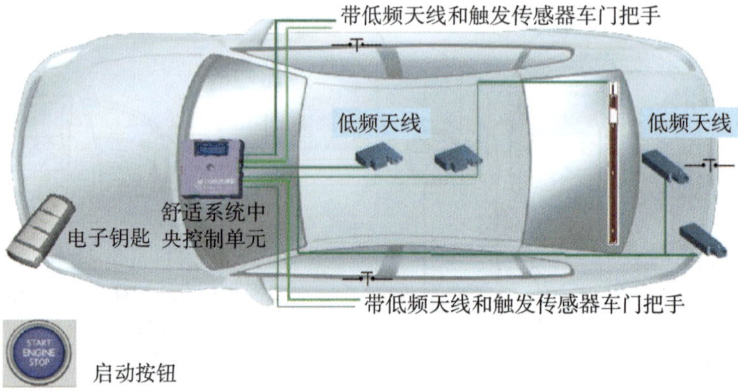

图 12-1　无钥匙进入系统

用于识别钥匙的天线通常分为两类：一类是检测车内钥匙信号，安装位置分别在前仪表板下、中央扶手附近、后排座椅附近、行李舱内；另一类是检测车外围钥匙信号，安装位置分别在两个前门把手内部、后保险杠内。天线的任务是将舒适系统中央控制单元的信号发送到车钥匙上。

遥控钥匙的有效范围：解锁 / 闭锁车辆≤ 6 m，寻车≤ 30 m，KESSY 功能范围≤ 1 m，如图 12-2 所示。

驾驶员侧车门外把手主要由天线、接近和开锁传感器、驾驶员侧车门外把手中控锁开关、分析电路和机械部件等构成，如图 12-3 所示。

图 12-2 遥控钥匙的有效范围

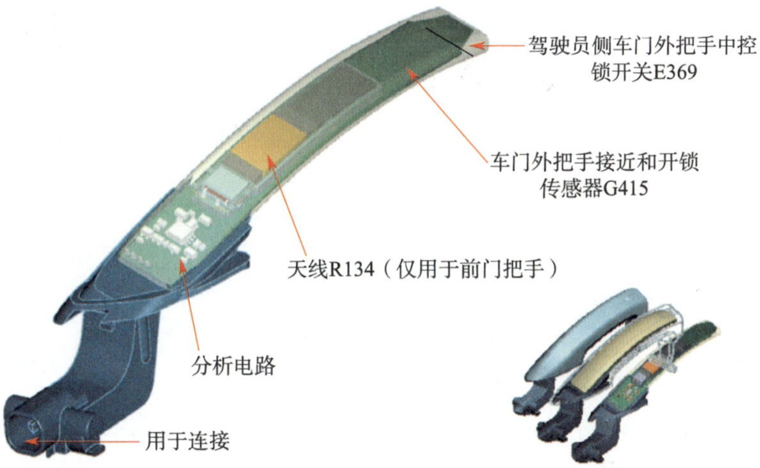

图 12-3 驾驶员侧车门外把手

接近和开锁传感器是电容式的，集成在车门外把手内，即每个把手和支座上都装有一个电容片，如果电容片之间插入新的介质（如手掌），就会有一个电流短时流过，舒适系统中央控制单元会识别并分析这个电流，以判断有无解锁请求，如图 12–4 所示。

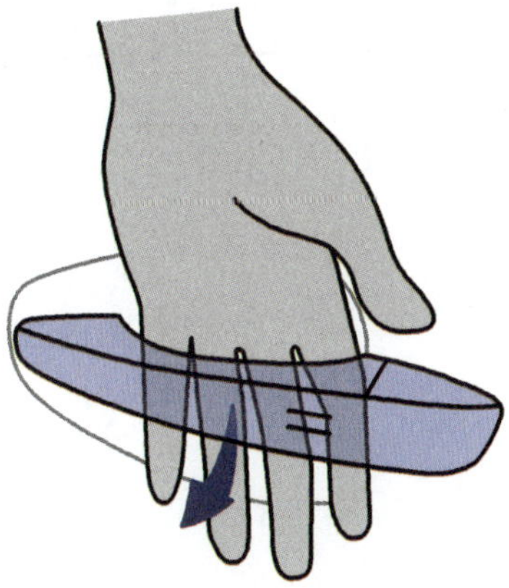

图 12-4 接近和开锁传感器

驾驶员侧车门外把手中控锁开关：驾驶员离开车辆时，只需触摸驾驶员侧车门外把手，其传感器（把手外侧）便能探测到有手指的（触碰）压力，并把信息发送到舒适系统中央控制单元，控制车门自动落锁，如图 12–5 所示。

注意事项：在更换车门外把手时，门把手内侧不能涂漆，门把手外侧应遵守 20 ~ 50 μm 的漆膜厚度标准，否则会出现探测问题。

（二）标准开锁过程

无钥匙进入系统的标准开锁过程如图 12–6 所示。

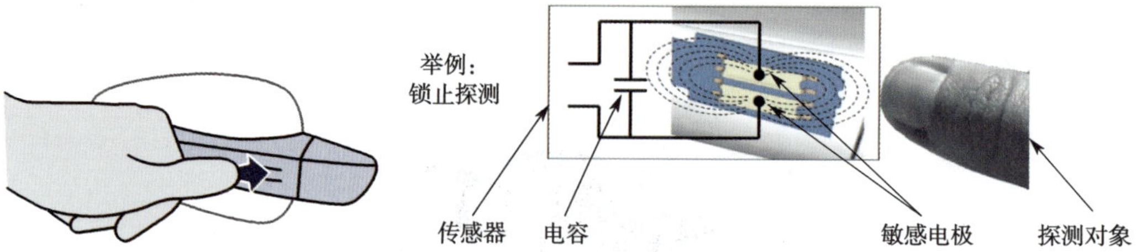

图 12-5 闭锁触摸传感器

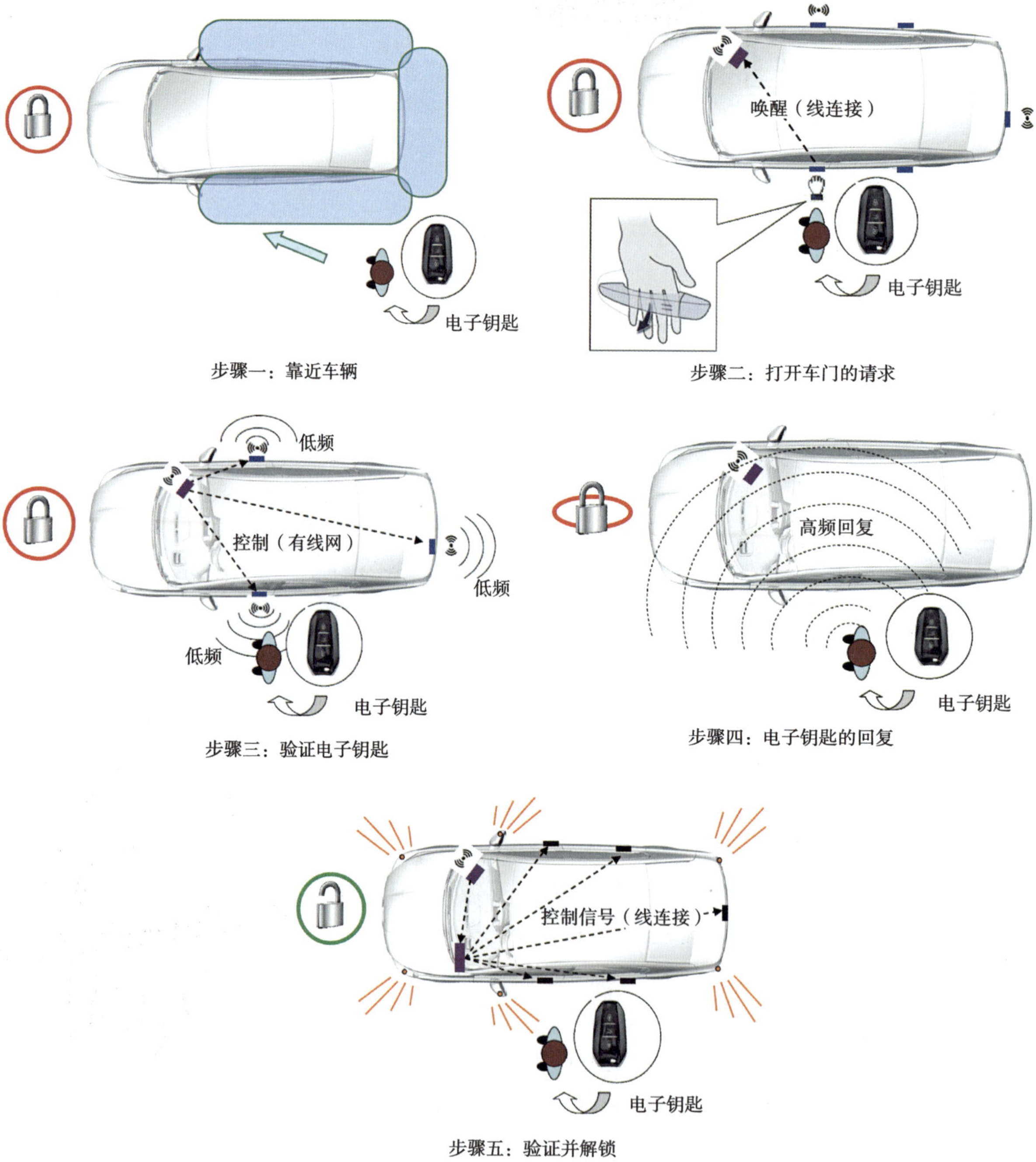

图 12-6 无钥匙进入系统的标准开锁过程

（三）大众迈腾轿车行李舱自动感应开启系统

行李舱自动感应开启是在 KESSY 功能基础上扩展的新功能，采用无接触式感应技术，当用户随身携带车钥匙走到车辆尾部时，只需用脚扫过后保险杠底部的传感器，传感器就会发送信号给控制单元，控制单元会依次控制高位制动灯点亮、行李舱盖打开，如图 12–7 所示。具体操作方法见表 12–1。

图 12–7 行李舱自动感应开启

表 12–1 行李舱自动感应开启方法

具体操作方法	前提条件
（1）将右脚探入大众标志下方后保险杠的底部，并靠近保险杠→迅速向上抬腿并用膝盖靠近大众标志，距离在 10 cm 以内→高位制动灯点亮→行李舱盖自动打开 （2）刚打开车门后，往往是不能晃腿开行李舱的，应等几分钟或锁车后再进行操作 （3）在车辆启动后或行进中、车后靠近行李舱旁有人站立很久等情况下，系统将自动关闭此功能	（1）钥匙在测控范围内 （2）后保险杠底部的传感器感应到脚的抬起动作 （3）控制单元能控制行李舱盖开启

（四）舒适系统中央控制单元 J393

1. 功能

舒适系统中央控制单元 J393 的控制功能包括以下几点：

（1）车门锁的控制。

（2）后车门控制单元的控制。

（3）油箱盖解锁的控制。

（4）行李舱盖开锁的控制。

（5）防盗报警装置的控制。

（6）轮胎压力检查的控制。

（7）防盗锁止系统的控制。

（8）进入和启动许可系统的控制。

2. 安装位置

舒适系统中央控制单元 J393 的安装位置如图 12–8 所示。

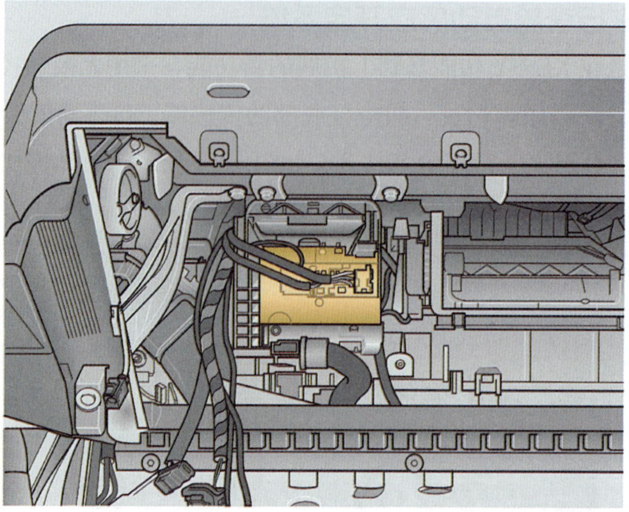

图 12-8　舒适系统中央控制单元 J393 的安装位置

（五）中控锁

舒适系统中央控制单元控制中控锁的全部功能，车门、行李舱盖和油箱盖等都属于中控锁机构。中控锁有三种不同的锁止状态，见表 12-2。

表 12-2　中控锁的锁止状态

状态	状态描述
已开锁	车门可以从内部和外部打开
已闭锁	车门只能从内部通过一次性操纵车门把手打开
安全	从内部和外部都不能打开车门

1. 中控锁闭锁状态

该操作可通过驾驶员侧车门上的车内联锁按钮、其余车门上的车内上锁按钮以及汽车钥匙无线遥控器来实现。各车门控制单元由驾驶员和副驾驶员侧车门中控锁控制，而后部车门、行李舱盖以及油箱盖的控制则由舒适系统中央控制单元来负责。

2. 中控锁开锁状态

如果通过驾驶员侧车门上的车内联锁按钮将所有车门闭锁，则集成在车内联锁按钮中的 LED 信号装置点亮。车门可以从内部通过一次性操纵车门把手打开。在单门开启功能被激活并且用汽车钥匙机械打开车门时，仅能控制驾驶员侧的车门控制单元解锁驾驶员侧车门。

（六）中控锁系统故障检查方法

1. 故障现象

无钥匙进入、遥控功能不能正常使用；闭锁关窗功能失效；行李舱自动感应开启功能失效。

2. 检查方法

打开点火开关，连接诊断仪进入“舒适系统中央控制单元”，读取故障码，然后根据故障码和车辆出现的故障现象，分析判断检查方向。中控锁系统常见故障码类别及故障检查方法见表 12-3。

表 12-3　中控锁系统常见故障码类别及故障检查方法

故障码类别	故障现象分析	检查方法
天线类	无钥匙进入异常，可能原因为天线故障、线路故障、控制故障	拆检天线 R134 和 R135 检查天线 R134 和 R135 至舒适系统中央控制单元的连接线、插头
触摸开关类	门把手处闭锁和解锁功能异常	读取触摸开关数据流 拆检门把手 检查门把手至舒适系统中央控制单元的连接线、插头
无故障码类	钥匙遥控功能失效	检查、更换遥控钥匙中的电池 重新匹配遥控钥匙（仅限非无钥匙进入车型）
	闭锁关窗功能失效	检查、更换驾驶员侧车门控制单元 J386，并重新编码
	电子钥匙失效	使用应急机械钥匙进入车内
行李舱自动感应开启系统类	行李舱自动感应开启功能失效	检查天线 R136 和行李舱盖打开传感器 G750（中控锁系统电路图见图 12-9）
		检查行李舱锁
		检查舒适系统中央控制单元

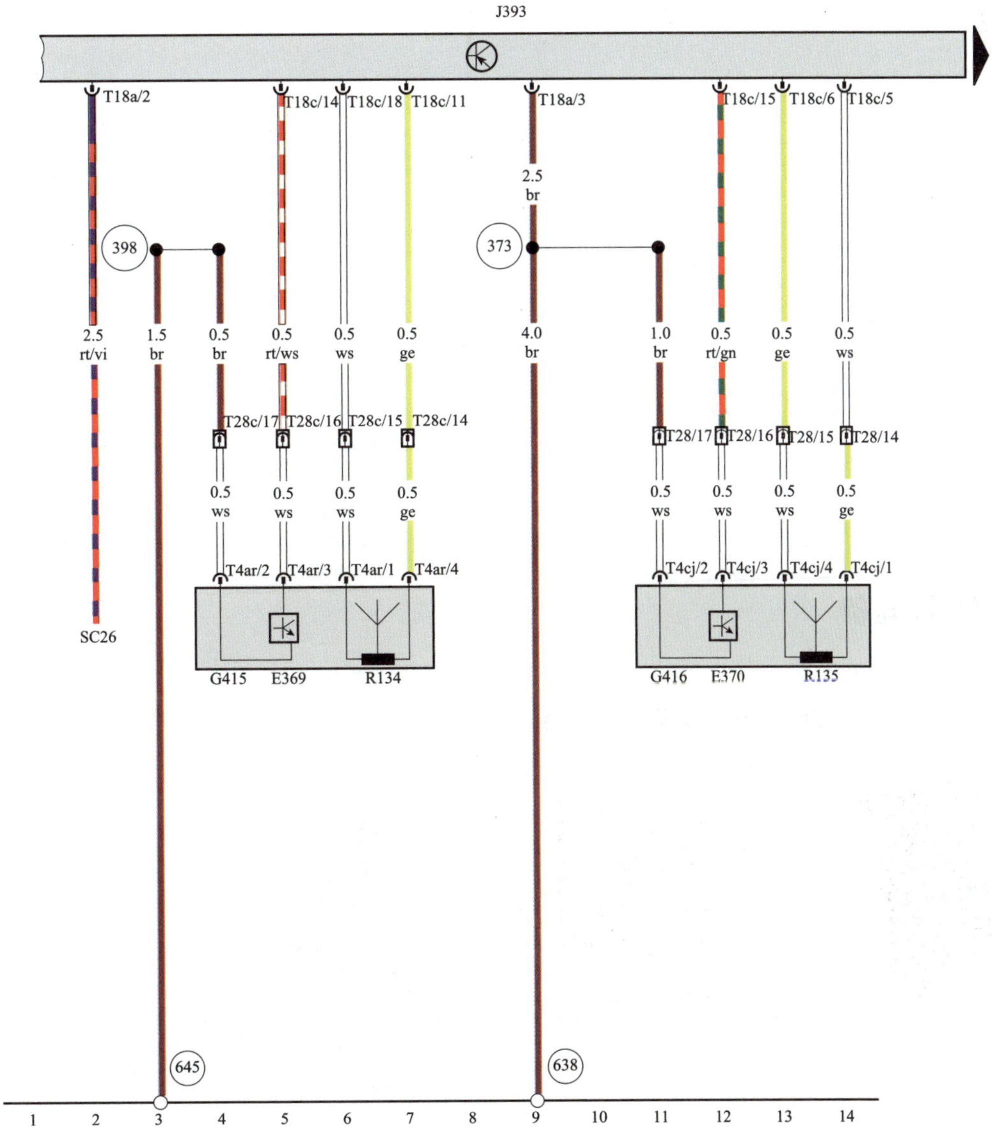

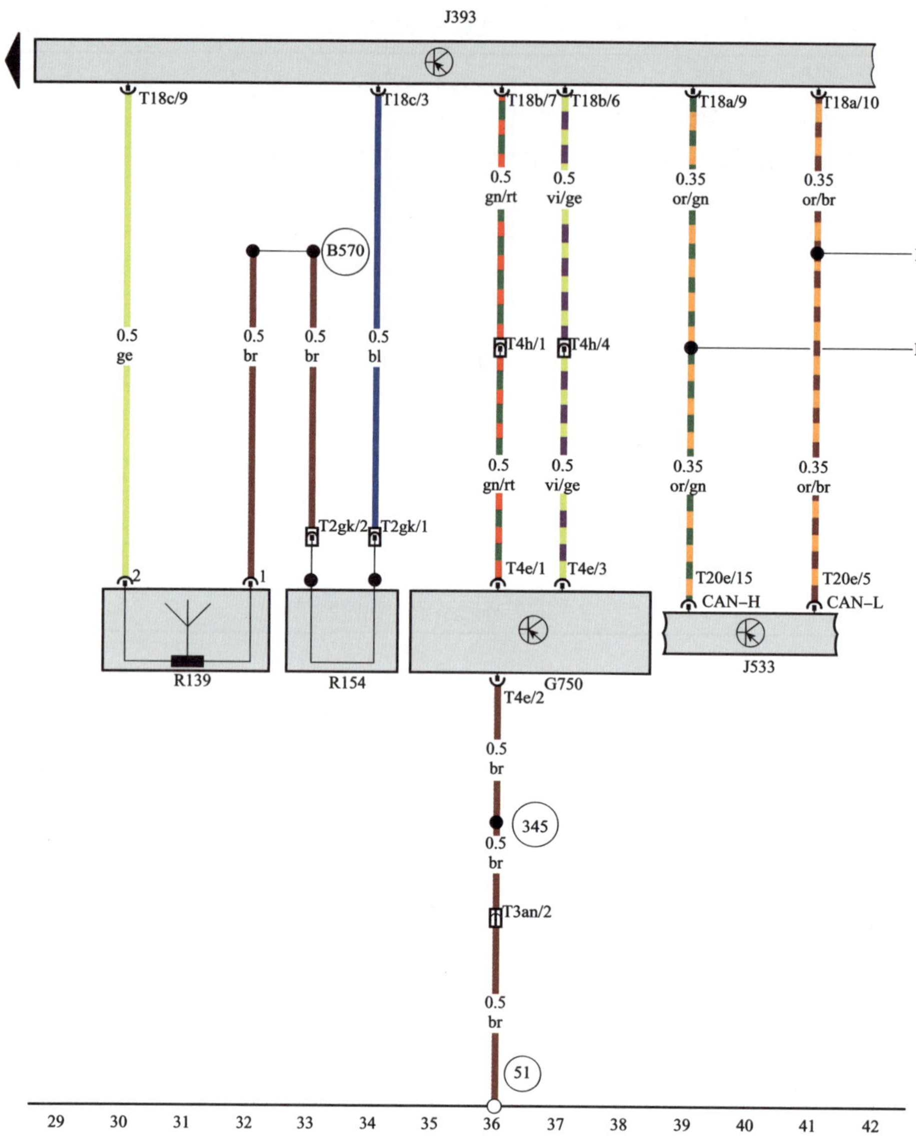

图 12-9　中控锁系统电路图

二、任务准备

选出完成本任务所需的工具、设备、资料等。

	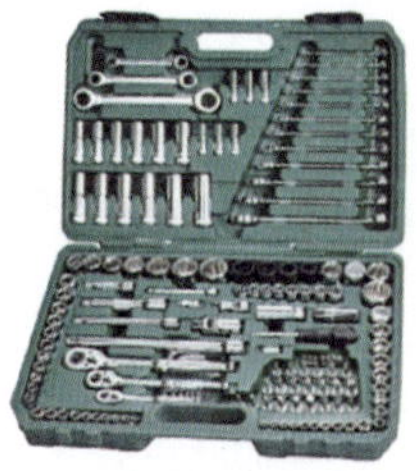		
工具车	常用工具套装	三件套	吹尘枪

	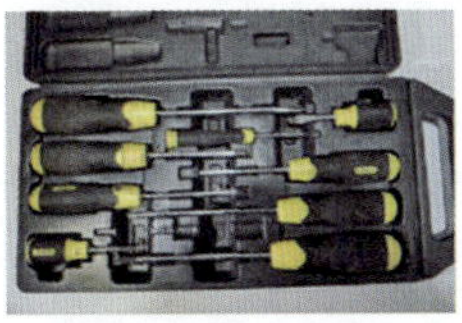	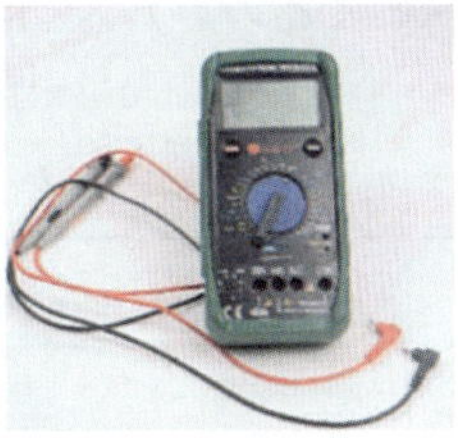	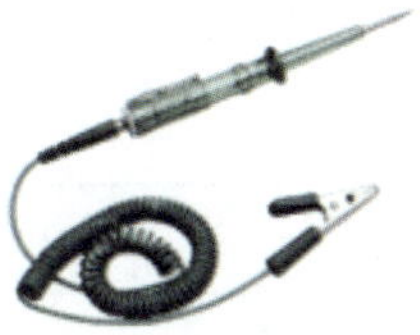
诊断仪	旋具套装	万用表	二极管试灯
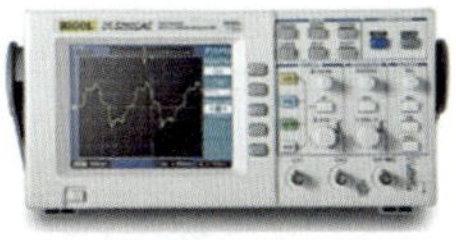			
示波器	抹布	熔丝	遥控器电池

实训车辆		维修手册	

三、防护措施

1. 进入车间应穿工鞋，戴工帽；工作服应整洁，无破损；操作时不可戴手表等金属饰品，以防划伤车辆表面。

2. 维修操作前应铺设三件套及翼子板布，发动机启动前应确保其他人员远离车辆。

3. 更换油液或配件时应处理好油液和配件的回收清理工作，以免对工作环境造成污染。

4. 任何时间操作电气设备时都应注意用电安全，作业结束后，应及时切断用电设备的电源。

5. 操作过程中应做到油品、工具、配件三不落地，作业完毕应及时清理车间工作场地，做到现场5S管理。

四、任务分配（见表 12-4）

表 12-4　任务分配表

职务	代码	姓名	工作内容
组长	A		监督、管理组员工作
组员	B		准备实训所需车辆及零配件
	C		
组员	D		准备实训所需工具及维修手册
	E		

五、任务实施

（一）操作流程

完成下面工作内容的排序并填写在表 12-5 和表 12-6 中。

表 12-5　无钥匙进入系统故障诊断与维修操作步骤

项目	序号	工作内容
安全防护与准备工作		打开驾驶员侧车门，铺设三件套
		打开发动机舱盖，铺设翼子板布
故障验证		锁上车门，将钥匙放入衣袋内，然后将手放入门把手内侧，拉动门把手，查看车门是否正常打开，如车门无法打开，则故障存在
		使用遥控钥匙闭锁车门、解锁车门，查看车门是否能够正常打开，如不能正常闭锁和解锁，则故障存在
读取车辆故障码		连接诊断仪，进入车辆自诊断系统
		进入“舒适系统中央控制单元”，读取车辆故障码
匹配遥控钥匙		使用诊断仪匹配遥控钥匙
拆卸车门外把手		关闭点火开关并拔出钥匙
		从遥控钥匙中取出应急钥匙
		将应急钥匙压入锁芯外壳盖罩下边沿处的开口
		用钥匙按压垫块的锁止凸耳，将盖罩向上从锁芯外壳上推出并取下
		取下定位螺栓的盖罩，拧出锁芯外壳的定位螺栓
		撬出锁止螺栓的盖罩，将车门外把手拉至限位位置，拧出锁止螺栓
		将锁芯外壳从车门外把手支撑架中拔出
		将车门外把手略微向后从支撑架的定位件中拉出

续表

项目	序号	工作内容
拆卸车门外把手		向外翻转车门外把手，将车门外把手从支撑架中取出
		拔下驾驶员侧车门外把手接近和开锁传感器 G415、驾驶员侧进入及启动系统天线 R134 的插接器
拆卸舒适系统中央控制单元 J393 的 C 号插接器		拆卸副驾驶员侧扶手箱
		拆卸舒适系统中央控制单元
		拔下舒适系统中央控制单元 C 号插接器
检查线束		使用万用表检查车门外把手的 T4ar/1 号端子到 J393 的 T18c/18 号端子之间线束的电阻值
		使用万用表检查车门外把手的 T4ar/3 号端子到 J393 的 T18c/14 号端子之间线束的电阻值
		使用万用表检查车门外把手的 T4ar/4 号端子到 J393 的 T18c/11 号端子之间线束的电阻值
		使用万用表检查车门外把手的 T4ar/2 号端子到搭铁之间线束的电阻值
		如果以上检查都正常，应更换车门外把手
安装车门外把手及锁芯		将车门外把手垂直插入支撑架并连接接近和开锁传感器 G415、驾驶员侧进入及启动系统天线 R134 的插接器
		将车门外把手插入车门
		将车门外把手略微向前推入支撑架的定位件中
		安装锁芯（注意：安装锁芯时车门外把手必须处于拔出的状态）
		将锁芯外壳垂直插入支撑架中
		将锁止螺栓拧入支撑架中，车门外把手自动回位到车门上，安装锁芯盖罩
检查与整理		检查故障是否排除
		使用诊断仪读取舒适系统中央控制单元故障码，检查故障码是否可以清除
		撤去翼子板布及三件套，整理工具及现场卫生

表 12-6　行李舱自动感应开启故障诊断与维修操作步骤

项目	序号	工作内容
安全防护与准备工作		打开驾驶员侧车门，铺设三件套
		打开发动机舱盖，铺设翼子板布
故障验证		使用遥控钥匙或者车门处按键锁闭车辆
		携带钥匙走到车辆尾部后保险杠处，进行踢腿解锁动作，查看车辆行李舱盖是否正常开启，如果不能成功解锁，则故障存在
使用诊断仪读取故障码		连接诊断仪，进入车辆自诊断系统，选取“舒适系统中央控制单元”，读取故障码

续表

项目	序号	工作内容
检查后部系统天线		断开后部系统天线 R136 插接器，测量 1 号端子至 J393 的 T18c/7 号端子间线束电阻值
		测量 2 号端子至 J393 的 T18c/1 号端子间线束电阻值
		若线束正常则连接示波器，检查 R136 的信号波形
检查行李舱盖打开传感器		检查行李舱盖打开传感器 G750 的 T4e/1 号端子是否有电压，若无电压，则测量 T4e/1 号端子与 J393 的 T18b/7 号端子间线束电阻值
		测量 G750 的 T4e/2 号端子与搭铁点间电阻值，若不正常则检查该线束
		测量 G750 的 T4e/3 号端子至 J393 的 T18b/6 号端子间线束电阻值
		若电源、搭铁及线束均无问题，则连接示波器检查 G750 信号波形，若无波形信号，则 G750 损坏
检查 J393		检查熔丝 SC26 是否正常
		测量 J393 的 T18a/2 号端子至熔丝 SC26 间线束电阻值
		测量 J393 的 T18a/3 号端子至搭铁点间电阻值，若不正常则检查该线束，若电源及搭铁均正常则 J393 损坏
整理		撤去翼子板布及三件套，整理工具及现场卫生

（二）实施记录

结合实施过程，对照表 12-7 和表 12-8 所列检查项目进行检查，并记录实际的检查结果。

表 12-7　无钥匙进入系统故障诊断与维修实施记录

序号	检查项目	故障检查	故障记录
1	安全防护与准备工作	打开驾驶员侧车门，铺设三件套 □ 打开发动机舱盖，铺设翼子板布 □	完成情况：
2	故障验证	锁上车门，将钥匙放入衣袋内，然后将手放入门把手内侧，拉动门把手，查看车门是否正常打开 □ 使用遥控钥匙闭锁车门、解锁车门，查看车门是否正常打开 □	检查出的故障：
3	无钥匙进入系统故障检测	驾驶员侧车门外把手接近和开锁传感器 G415 损坏 □ 舒适系统中央控制单元 J393 损坏 □　熔丝 SC26 损坏 □ 驾驶员侧车门控制单元 J386 损坏 □ 诊断舒适系统中央控制单元，读取车辆故障码：________ 车门外把手的 T4ar/1 号端子到 J393 的 T18c/18 号端子之间线束的电阻值为________ Ω 车门外把手的 T4ar/3 号端子到 J393 的 T18c/14 号端子之间线束的电阻值为________ Ω 车门外把手的 T4ar/4 号端子到 J393 的 T18c/11 号端子之间线束的电阻值为________ Ω 车门外把手的 T4ar/2 号端子到搭铁之间线束的电阻值为________ Ω	检查出的故障：

续表

序号	检查项目	故障检查	故障记录
4	其他		检查出的故障：
5	整理	撤去翼子板布及三件套 □ 整理工具及现场卫生 □	完成情况：
根据任务实施流程和故障排除过程，总结无钥匙进入系统故障排除思路，并填写在下面： 1. ________ 2. ________ 3. ________ 4. ________ 5. ________ 6. ________			

表 12-8 行李舱自动感应开启故障诊断与维修实施记录

序号	检查项目	故障检查	故障记录
1	安全防护与准备工作	打开驾驶员侧车门，铺设三件套 □ 打开发动机舱盖，铺设翼子板布 □	完成情况：
2	故障验证	携带钥匙走到车辆尾部后保险杠处，进行踢腿解锁动作，查看车辆行李舱是否正常开启 □	检查出的故障：
3	行李舱自动感应开启故障检测	行李舱盖打开传感器 G750 损坏 □ 熔丝 SC26 损坏 □ 舒适系统中央控制单元 J393 损坏 □ 诊断舒适系统中央控制单元，读取车辆故障码：________ R136 插接器的 1 号端子至 J393 的 T18c/7 号端子间线束电阻值为________ Ω R136 插接器的 2 号端子至 J393 的 T18c/1 号端子间线束电阻值为________ Ω G750 的 T4e/1 号端子至 J393 的 T18b/7 号端子间线束电阻值为________ Ω G750 的 T4e/3 号端子至 J393 的 T18b/6 号端子间线束电阻值为________ Ω J393 的 T18a/2 号端子至熔丝 SC26 间线束电阻值为________ Ω	检查出的故障：
4	其他		检查出的故障：

续表

序号	检查项目	故障检查	故障记录
5	整理	撤去翼子板布及三件套 □ 整理工具及现场卫生 □	完成情况：
根据任务实施流程和故障排除过程，总结行李舱自动感应开启故障排除思路，并填写在下面： 1. ______ 2. ______ 3. ______ 4. ______ 5. ______ 6. ______			

六、检查

（一）自检

结合本组任务操作过程，对任务执行过程中的操作规范性进行检查，检查操作过程中是否存在以下问题，分析讨论应如何避免并总结规范的操作方法（见表 12–9）。

表 12–9　自检

检查项目	结果
车辆停放位置是否合适，是否将变速器置于空挡并拉紧驻车制动器	是 □　否 □
是否使用三件套对车辆进行防护	是 □　否 □
故障是否确认	是 □　否 □
各相关控制单元是否检测全面	是 □　否 □
线束检查是否全面	是 □　否 □
无钥匙进入系统故障是否排除	是 □　否 □
行李舱自动感应开启故障是否排除	是 □　否 □
工作场地是否清洁，车辆是否复位	是 □　否 □

（二）互检

组与组之间进行任务操作过程及结果检查，并把检查结果填写在表 12–10 中。

表 12–10　互检

检查项目	结果
车辆停放位置是否合适，是否将变速器置于空挡并拉紧驻车制动器	是 □　否 □
是否使用三件套对车辆进行防护	是 □　否 □

续表

检查项目	结果
故障是否确认	是 □ 否 □
各相关控制单元是否检测全面	是 □ 否 □
线束检查是否全面	是 □ 否 □
无钥匙进入系统故障是否排除	是 □ 否 □
行李舱自动感应开启故障是否排除	是 □ 否 □
工作场地是否清洁，车辆是否复位	是 □ 否 □

七、课堂小结

任务十三　无钥匙进入系统故障诊断与维修（二）

无钥匙进入系统故障诊断与维修任务工单——故障检修					
客户信息	客户姓名		联系电话	接单日期	
车辆信息	车辆品牌		出厂日期	特殊配置	
	车辆年款		车身颜色		

故障信息			
	灯光系统故障 □	静态转向灯故障 □	天窗故障 □
	自动雨刮故障 □	电动座椅故障 □	电动车窗、电动后视镜故障 □
	无钥匙进入系统故障 □	无钥匙启动系统故障 □	车载逆变器故障 □
	安全气囊系统故障 □	其他 □	
	客户描述：		

车辆外观检查		车辆内饰检查	
凹凸 □	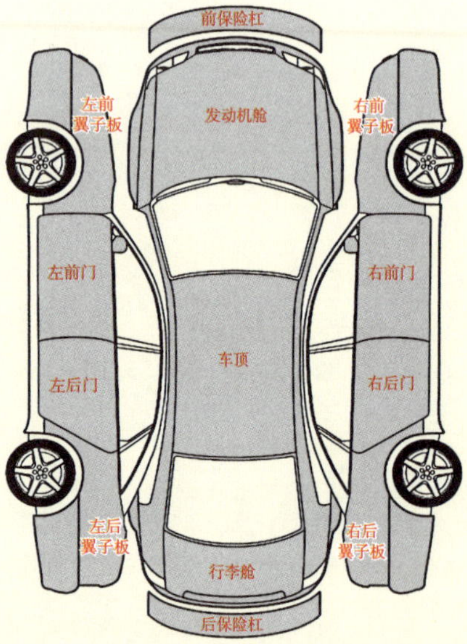	污渍 □	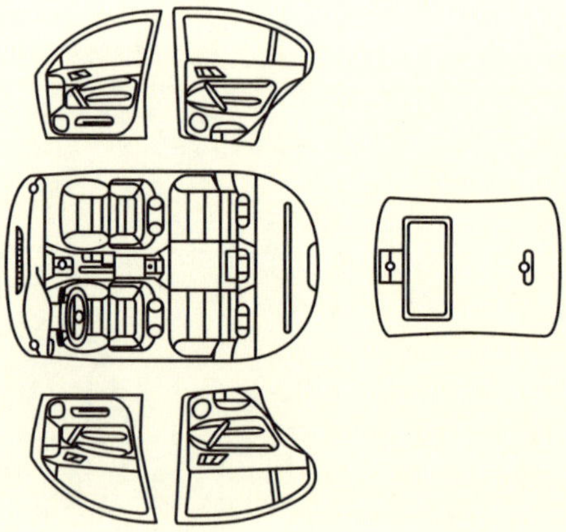
划痕 □		破损 □	
石击 □		色斑 □	
油漆 □		变形 □	

明确具体工作任务	

任务目标

- 能够熟练地对汽车无钥匙进入系统故障进行诊断与维修
- 能够正确地对行李舱自动感应开启故障进行诊断与维修

续表

任务内容	● 无钥匙进入系统及其标准开锁过程 ● 行李舱自动感应开启系统 ● 中控锁系统及其故障检查方法
任务重点	● 无钥匙进入系统开锁过程 ● 中控锁系统及其故障检查方法

一、任务准备

选出完成本任务所需的工具、设备、资料等。

	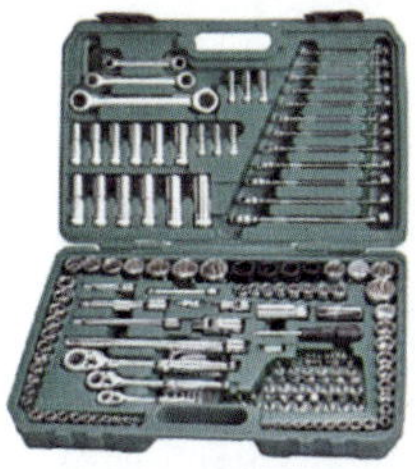		
工具车	常用工具套装	三件套	吹尘枪
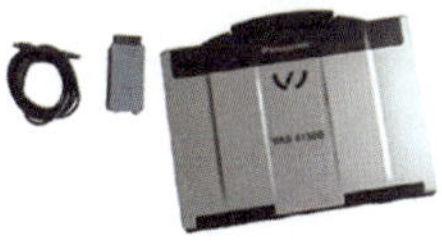	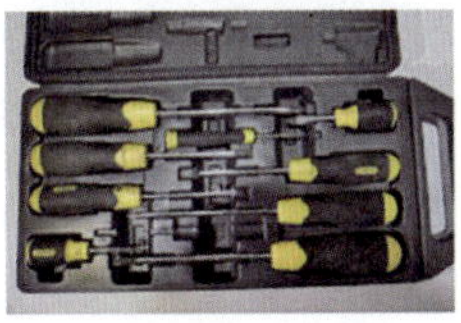	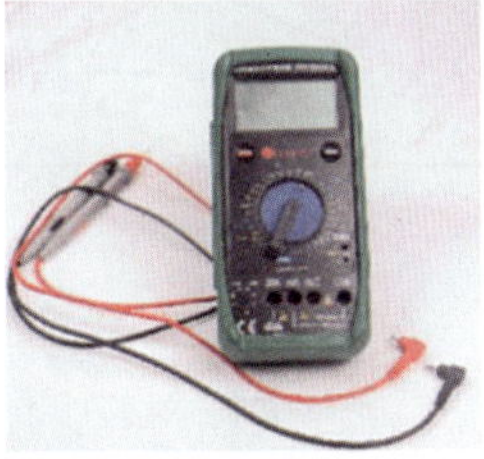	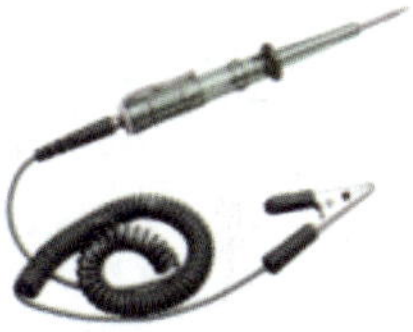
诊断仪	旋具套装	万用表	二极管试灯
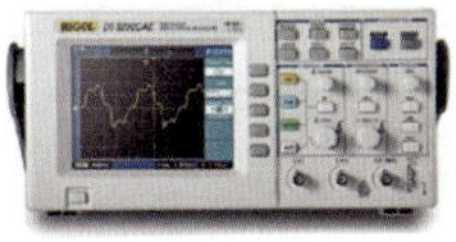			
示波器	抹布	熔丝	遥控器电池

实训车辆		维修手册	

二、防护措施

1. 进入车间应穿工鞋，戴工帽；工作服应整洁，无破损；操作时不可戴手表等金属饰品，以防划伤车辆表面。

2. 维修操作前应铺设三件套及翼子板布，发动机启动前应确保其他人员远离车辆。

3. 更换油液或配件时应处理好油液和配件的回收清理工作，以免对工作环境造成污染。

4. 任何时间操作电气设备时都应注意用电安全，作业结束后，应及时切断用电设备的电源。

5. 操作过程中应做到油品、工具、配件三不落地，作业完毕应及时清理车间工作场地，做到现场 5S 管理。

三、任务分配（见表 13-1）

表 13-1　任务分配表

职务	代码	姓名	工作内容
组长	A		监督、管理组员工作
组员	B		准备实训所需车辆及零配件
	C		
	D		准备实训所需工具及维修手册
	E		

四、任务实施

（一）操作流程

完成下面工作内容的排序并填写在表 13-2 和表 13-3 中。

表 13-2　无钥匙进入系统故障诊断与维修操作步骤

项目	序号	工作内容
安全防护与准备工作		打开驾驶员侧车门，铺设三件套
		打开发动机舱盖，铺设翼子板布
故障验证		使用遥控钥匙闭锁车门、解锁车门，查看车门是否能够正常打开，如不能正常闭锁和解锁，则故障存在
		锁上车门，将钥匙放入衣袋内，然后将手放入门把手内侧，拉动门把手，查看车门是否正常打开，如车门无法打开，则故障存在
读取车辆故障码		连接诊断仪，进入车辆自诊断系统
		进入“舒适系统中央控制单元”，读取车辆故障码
匹配遥控钥匙		使用诊断仪匹配遥控钥匙

续表

项目	序号	工作内容
拆卸车门外把手		用钥匙按压垫块的锁止凸耳，将盖罩向上从锁芯外壳上推出并取下
		取下定位螺栓的盖罩，拧出锁芯外壳的定位螺栓
		撬出锁止螺栓的盖罩，将车门外把手拉至限位位置，拧出锁止螺栓
		关闭点火开关并拔出钥匙
		从遥控钥匙中取出应急钥匙
		将应急钥匙压入锁芯外壳盖罩下边沿处的开口
		将锁芯外壳从车门外把手支撑架中拔出
		将车门外把手略微向后从支撑架的定位件中拉出
		向外翻转车门外把手，将车门外把手从支撑架中取出
		拔下驾驶员侧车门外把手接近和开锁传感器 G415、驾驶员侧进入及启动系统天线 R134 的插接器
拆卸舒适系统中央控制单元 J393 的 C 号插接器		拆卸舒适系统中央控制单元
		拆卸副驾驶员侧扶手箱
		拔下舒适系统中央控制单元 C 号插接器
检查线束		使用万用表检查车门外把手的 T4ar/1 号端子到 J393 的 T18c/18 号端子之间线束的电阻值
		使用万用表检查车门外把手的 T4ar/4 号端子到 J393 的 T18c/11 号端子之间线束的电阻值
		使用万用表检查车门外把手的 T4ar/2 号端子到搭铁之间线束的电阻值
		使用万用表检查车门外把手的 T4ar/3 号端子到 J393 的 T18c/14 号端子之间线束的电阻值
		如果以上检查都正常，应更换车门外把手
安装车门外把手及锁芯		将车门外把手垂直插入支撑架并连接接近和开锁传感器 G415、驾驶员侧进入及启动系统天线 R134 的插接器
		安装锁芯（注意：安装锁芯时车门外把手必须处于拔出的状态）
		将车门外把手插入车门
		将车门外把手略微向前推入支撑架的定位件中
		将锁芯外壳垂直插入支撑架中
		将锁止螺栓拧入支撑架中，车门外把手自动回位到车门上，安装锁芯盖罩
检查与整理		检查故障是否排除
		使用诊断仪读取舒适系统中央控制单元故障码，检查故障码是否可以清除
		撤去翼子板布及三件套，整理工具及现场卫生

表 13-3　行李舱自动感应开启故障诊断与维修操作步骤

项目	序号	工作内容
安全防护与准备工作		打开驾驶员侧车门，铺设三件套
		打开发动机舱盖，铺设翼子板布
故障验证		使用遥控钥匙或者车门处按键锁闭车辆
		携带钥匙走到车辆尾部后保险杠处，进行踢腿解锁动作，查看车辆行李舱盖是否正常开启，如果不能成功解锁，则故障存在
使用诊断仪读取故障码		连接诊断仪，进入车辆自诊断系统，选取“舒适系统中央控制单元”，读取故障码
检查后部系统天线		测量 2 号端子至 J393 的 T18c/1 号端子间线束电阻值
		断开后部系统天线 R136 插接器，测量 1 号端子至 J393 的 T18c/7 号端子间线束电阻值
		若线束正常则连接示波器，检查 R136 的信号波形
检查行李舱盖打开传感器		检查行李舱盖打开传感器 G750 的 T4e/1 号端子是否有电压，若无电压，则测量 T4e/1 号端子与 J393 的 T18b/7 号端子间线束电阻值
		若电源、搭铁及线束均无问题，则连接示波器检查 G750 信号波形，若无波形信号，则 G750 损坏
		测量 G750 的 T4e/2 号端子与搭铁点间电阻值，若不正常则检查该线束
		测量 G750 的 T4e/3 号端子至 J393 的 T18b/6 号端子间线束电阻值
检查 J393		检查熔丝 SC26 是否正常
		测量 J393 的 T18a/2 号端子至熔丝 SC26 间线束电阻值
		测量 J393 的 T18a/3 号端子至搭铁点间电阻值，若不正常则检查该线束，若电源及搭铁均正常则 J393 损坏
整理		撤去翼子板布及三件套，整理工具及现场卫生

（二）实施记录

结合实施过程，对照表 13–4 和表 13–5 所列检查项目进行检查，并记录实际的检查结果。

表 13-4　无钥匙进入系统故障诊断与维修实施记录

序号	检查项目	故障检查	故障记录
1	安全防护与准备工作	打开驾驶员侧车门，铺设三件套 □ 打开发动机舱盖，铺设翼子板布 □	完成情况：
2	故障验证	锁上车门，将钥匙放入衣袋内，然后将手放入门把手内侧，拉动门把手，查看车门是否正常打开 □ 使用遥控钥匙闭锁车门、解锁车门，查看车门是否正常打开 □	检查出的故障：

续表

序号	检查项目	故障检查	故障记录
3	无钥匙进入系统故障检测	驾驶员侧车门外把手接近和开锁传感器 G415 损坏 □ 舒适系统中央控制单元 J393 损坏 □ 熔丝 SC26 损坏 □ 驾驶员侧车门控制单元 J386 损坏 □ 诊断舒适系统中央控制单元，读取车辆故障码：________ 车门外把手的 T4ar/1 号端子到 J393 的 T18c/18 号端子之间线束的电阻值为________ Ω 车门外把手的 T4ar/3 号端子到 J393 的 T18c/14 号端子之间线束的电阻值为________ Ω 车门外把手的 T4ar/4 号端子到 J393 的 T18c/11 号端子之间线束的电阻值为________ Ω 车门外把手的 T4ar/2 号端子到搭铁之间线束的电阻值为________ Ω	检查出的故障：
4	其他		检查出的故障：
5	整理	撤去翼子板布及三件套 □ 整理工具及现场卫生 □	完成情况：
根据任务实施流程和故障排除过程，总结无钥匙进入系统故障排除思路，并填写在下面： 1. ________ 2. ________ 3. ________ 4. ________ 5. ________ 6. ________			

表 13-5　行李舱自动感应开启故障诊断与维修实施记录

序号	检查项目	故障检查	故障记录
1	安全防护与准备工作	打开驾驶员侧车门，铺设三件套 □ 打开发动机舱盖，铺设翼子板布 □	完成情况：
2	故障验证	携带钥匙走到车辆尾部后保险杠处，进行踢腿解锁动作，查看车辆行李舱是否正常开启 □	检查出的故障：
3	行李舱自动感应开启故障检测	行李舱盖打开传感器 G750 损坏 □ 熔丝 SC26 损坏 □ 舒适系统中央控制单元 J393 损坏 □ 诊断舒适系统中央控制单元，读取车辆故障码：________ R136 插接器的 1 号端子至 J393 的 T18c/7 号端子间线束电阻值为________ Ω R136 插接器的 2 号端子至 J393 的 T18c/1 号端子间线束电阻值为________ Ω G750 的 T4e/1 号端子至 J393 的 T18b/7 号端子间线束电阻值为________ Ω G750 的 T4e/3 号端子至 J393 的 T18b/6 号端子间线束电阻值为________ Ω J393 的 T18a/2 号端子至熔丝 SC26 间线束电阻值为________ Ω	检查出的故障：

续表

序号	检查项目	故障检查	故障记录
4	其他		检查出的故障：
5	整理	撤去翼子板布及三件套 □ 整理工具及现场卫生 □	完成情况：
根据任务实施流程和故障排除过程，总结行李舱自动感应开启故障排除思路，并填写在下面： 1. ______ 2. ______ 3. ______ 4. ______ 5. ______ 6. ______			

五、检查

（一）自检

结合本组任务操作过程，对任务执行过程中的操作规范性进行检查，检查操作过程中是否存在以下问题，分析讨论应如何避免并总结规范的操作方法（见表 13-6）。

表 13-6 自检

检查项目	结果
车辆停放位置是否合适，是否将变速器置于空挡并拉紧驻车制动器	是 □ 否 □
是否使用三件套对车辆进行防护	是 □ 否 □
故障是否确认	是 □ 否 □
各相关控制单元是否检测全面	是 □ 否 □
线束检查是否全面	是 □ 否 □
无钥匙进入系统故障是否排除	是 □ 否 □
行李舱自动感应开启故障是否排除	是 □ 否 □
工作场地是否清洁，车辆是否复位	是 □ 否 □

（二）互检

组与组之间进行任务操作过程及结果检查，并把检查结果填写在表 13-7 中。

表 13-7 互检

检查项目	结果
车辆停放位置是否合适，是否将变速器置于空挡并拉紧驻车制动器	是□ 否□
是否使用三件套对车辆进行防护	是□ 否□
故障是否确认	是□ 否□
各相关控制单元是否检测全面	是□ 否□
线束检查是否全面	是□ 否□
无钥匙进入系统故障是否排除	是□ 否□
行李舱自动感应开启故障是否排除	是□ 否□
工作场地是否清洁，车辆是否复位	是□ 否□

六、课堂小结

任务十四 无钥匙启动系统故障诊断与维修

无钥匙启动系统故障诊断与维修任务工单					
客户信息	客户姓名		联系电话		接单日期	
车辆信息	车辆品牌		出厂日期		特殊配置	
	车辆年款		车身颜色			
故障信息	灯光系统故障 □ 自动雨刮故障 □ 无钥匙进入系统故障 □ 安全气囊系统故障 □		静态转向灯故障 □ 电动座椅故障 □ 无钥匙启动系统故障 □ 其他 □		天窗故障 □ 电动车窗、电动后视镜故障 □ 车载逆变器故障 □	
	客户描述：					

车辆外观检查		车辆内饰检查	
凹凸 □ 划痕 □ 石击 □ 油漆 □	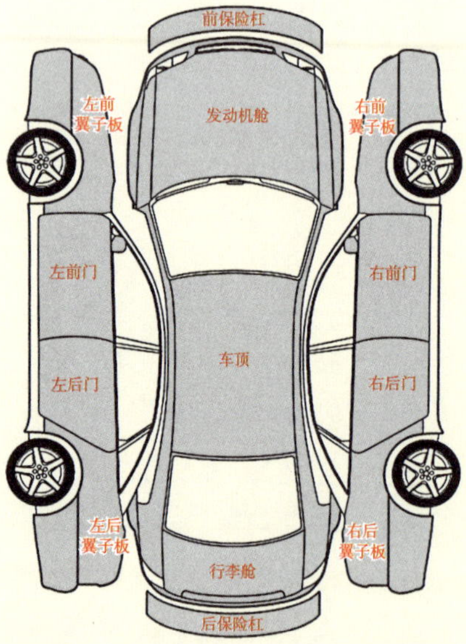	污渍 □ 破损 □ 色斑 □ 变形 □	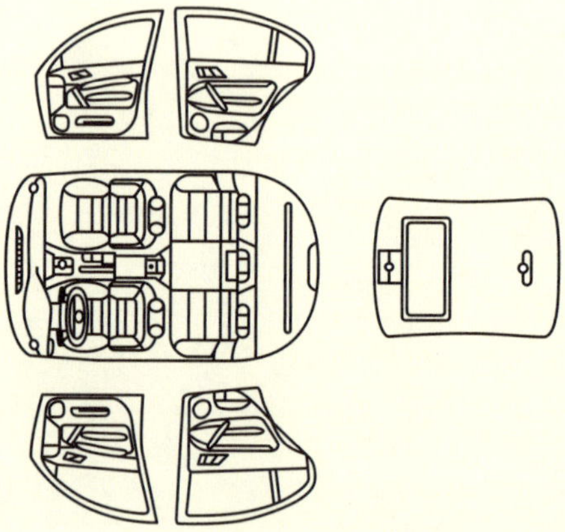
明确具体工作任务			

任务目标

- 能够熟练地对汽车无钥匙启动系统故障进行诊断与维修

续表

任务内容	● 无钥匙启动系统的组成及主要部件工作原理 ● 无钥匙启动系统的启动过程 ● 无钥匙启动系统故障检查方法
任务重点	● 无钥匙启动系统故障检查方法

一、知识讲解

（一）无钥匙启动系统的组成

KESSY 系统可实现无钥匙进入和无钥匙启动功能。无钥匙启动系统通常包含防盗锁止系统。

无钥匙启动系统一般由电子钥匙、天线、“一键启动”按钮、转向柱电子装置控制单元、舒适系统中央控制单元、车载电网控制单元及相关线束组成，如图 14–1 所示。具体组成部件见表 14–1。

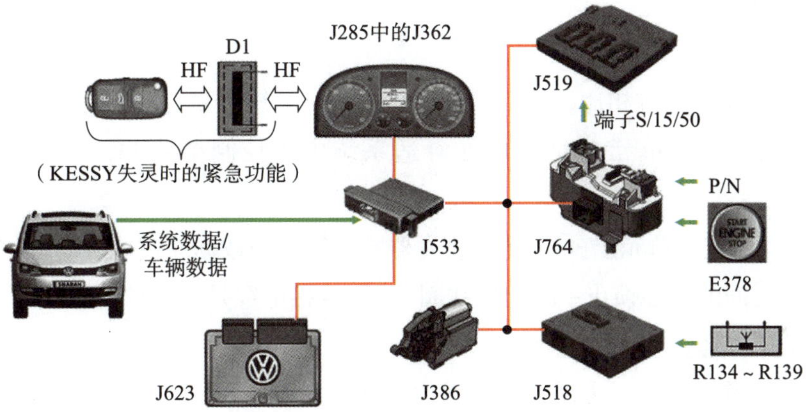

图 14–1 无钥匙启动系统的组成（采用大众第四代防盗锁止系统）

表 14–1 无钥匙启动系统的组成部件

序号	部件	序号	部件
1	电子钥匙	7	高频信号 HF（150 kHz）
2	防盗锁止系统读取线圈 D1	8	“一键启动”按钮 E378
3	变速器挡位信号 P/N	9	防盗锁止系统控制单元 J362（集成在组合仪表控制单元 J285 中）
4	驾驶员侧车门控制单元 J386	10	进入及启动许可控制单元 J518
5	车载电网控制单元 J519	11	发动机控制单元 J623
6	ESCL 锁止功能控制单元 J764（转向柱电子装置控制单元）	12	进入及启动许可天线 R134 ~ R139

大众迈腾轿车采用的是大众第五代防盗锁止系统，是由第四代防盗锁止系统升级而来的。其无钥匙启动系统主要由电子钥匙、防盗锁止系统读取线圈 D1、电子点火开关 D9、ESCL 锁止功能控制单

元 J764、舒适系统中央控制单元 J393（含防盗锁止系统控制单元 J362）、发动机控制单元 J623、网关 J533 以及连接线束等部件构成，如图 14-2 所示。

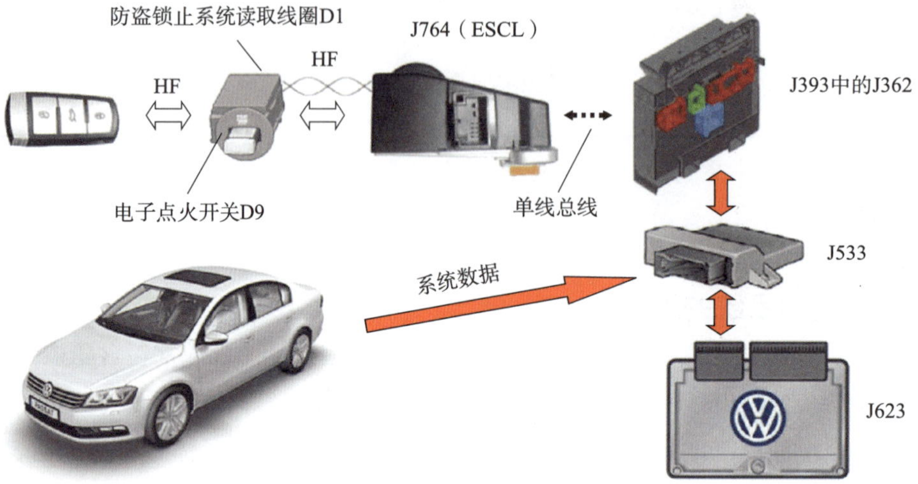

图 14-2　无钥匙启动系统的组成（采用大众第五代防盗锁止系统）

与大众第四代防盗锁止系统相比，大众第五代防盗锁止系统主要有以下几点区别：

（1）防盗锁止系统控制单元 J362 集成在舒适系统中央控制单元 J393 中，并且有专门的诊断地址。

（2）ESCL 锁止功能控制单元 J764 仅管理收发器数据，并把数据通过单线总线传递给 J362。

（3）D9 和 J764 之间的防盗锁止系统读取线圈 D1 的连接电线是一种绞合电缆。

（二）无钥匙启动系统工作原理图

无钥匙启动系统工作原理图（采用大众第四代防盗锁止系统）如图 14-3 所示。

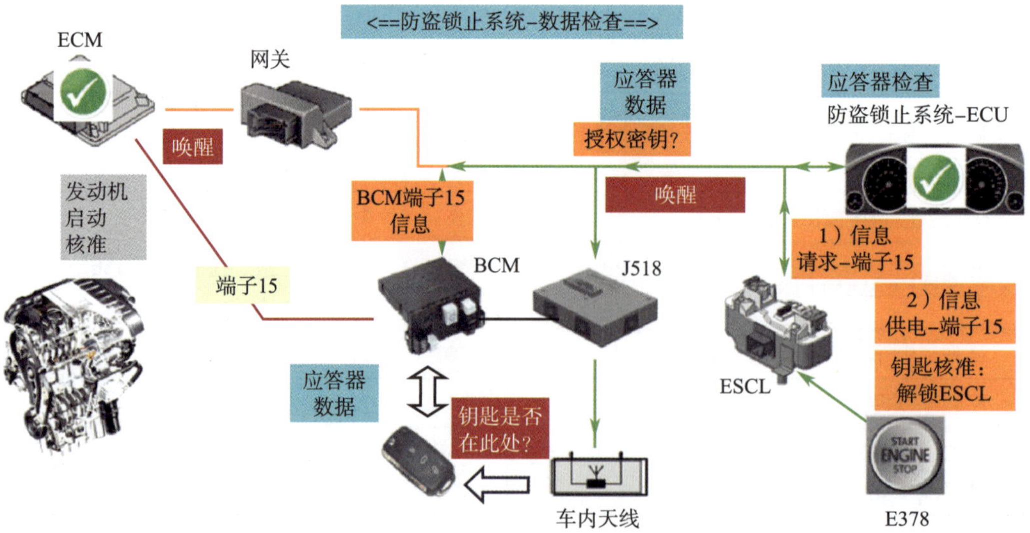

图 14-3　无钥匙启动系统工作原理图（采用大众第四代防盗锁止系统）

（三）无钥匙启动系统主要部件工作原理

1. 天线

用于识别钥匙的天线通常分为两类，一类检测车内钥匙信号，安装位置分别在前仪表板下、中央扶手附近、后排座椅附近、行李舱内；另一类检测车外围钥匙信号，安装位置分别为两个前门把手内部、后保险杠内，如图 14–4 所示。

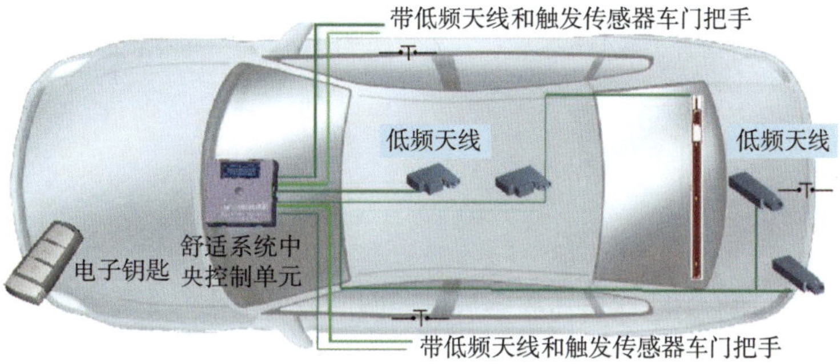

图 14–4　无钥匙启动系统天线组成

天线的任务是将舒适系统中央控制单元的信号发送到车钥匙上，其遥控范围如图 14–5 所示。

图 14–5　遥控范围

2. 电子钥匙

电子钥匙是无锁骨式设计，因为汽车启动不是通过转动运动，而是通过滑移运动。进入及启动许可开关 E415（见图 14–6）被用于电子钥匙的机械固定，它把电子钥匙的滑移运动转变为电子信号，并定位用于电子钥匙电子识别的读取线圈。

在带有 KESSY 系统的汽车中，电子点火开关内的换挡过程通过一个启动按钮来进行，这个启动按钮保留在电子点火开关内，并且仅与无线电遥控器电子钥匙中的有效 ID 传感器一起工作。通过电子点火开关 D9 内启动按钮的滑移运动来进行不同接线柱电压（K、S、K1、15、50）的接通和启动程序的开启。通过启动按钮的滑移运动可以到达下列开关位置，如图 14–7 所示。

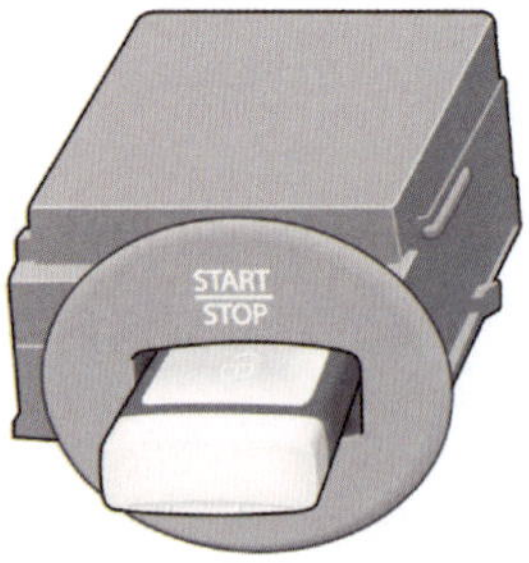

图 14-6　进入及启动许可开关 E415

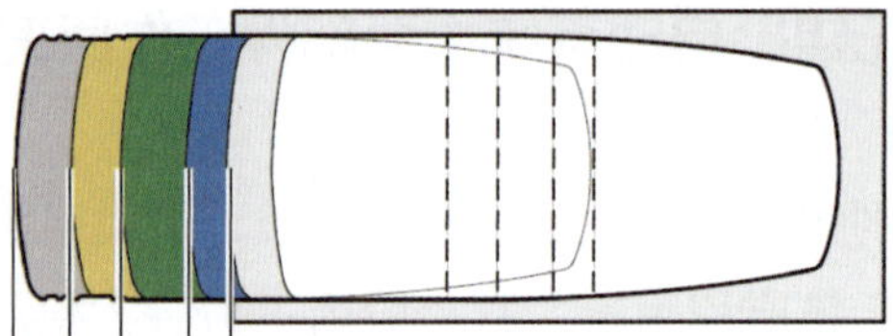

图 14-7　电子钥匙点火开关各挡位

P_0——打开（前向锁定）。

P_1——S 触点打开。

P_2——端口 15 打开。

P_3——端口 15 运行（电子钥匙在启动程序后自动调回原位）。

P_4——端口 50 打开。

3. ESCL 锁止功能控制单元 J764

ESCL 锁止功能控制单元 J764 如图 14-8 所示。J764 中有一个控制单元、一个电动机和用于反馈锁闭杆位置的微动开关。只有当防盗锁止系统识别到一把授权的钥匙后它才会解锁。端子 15 和端子 50 只有 ESCL 被解锁时才会被释放。

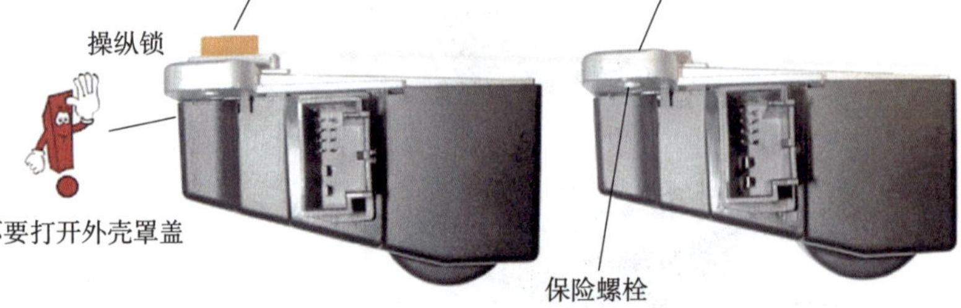

图 14-8　ESCL 锁止功能控制单元 J764

（四）无钥匙启动系统的启动过程

1. 携带钥匙进入车内（见图 14-9）

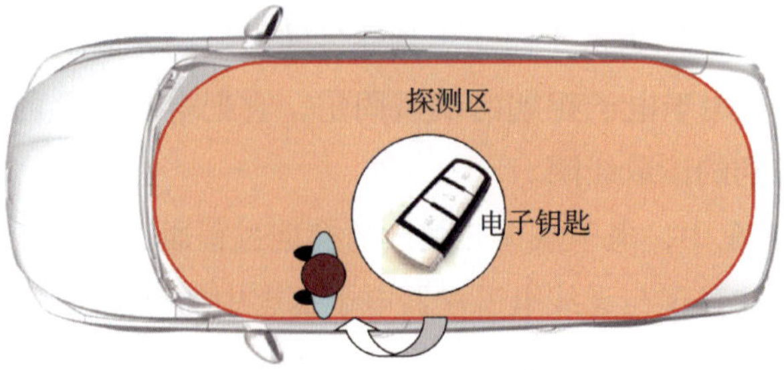

图 14-9　携带钥匙进入车内

2. 搜寻钥匙（见图 14-10）

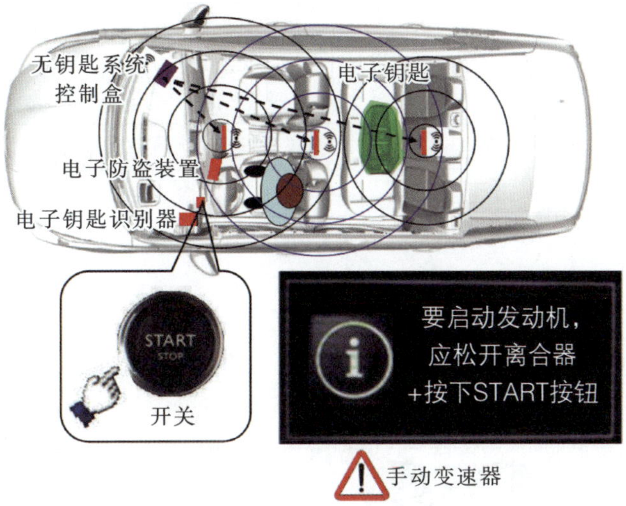

图 14-10 搜寻钥匙

3. 验证过程

搜寻到钥匙至发动机启动的钥匙授权顺序如下：E415（端子 S）→ J527（唤醒舒适系统 CAN 数据总线）→ J393（通过 ESCL 检查 E415 中的钥匙应答器数据）→ J393（ESCL 核准）→ ESCL（E415 中的供电端子 15/50）→ E415（端子 15/50 至 BCM 和 J527）→ BCM（CAN 数据总线的端子 15）→ J393（防盗锁止系统对 ECM 的数据检查）→ ECM（发动机启动核准），如图 14-11 所示。

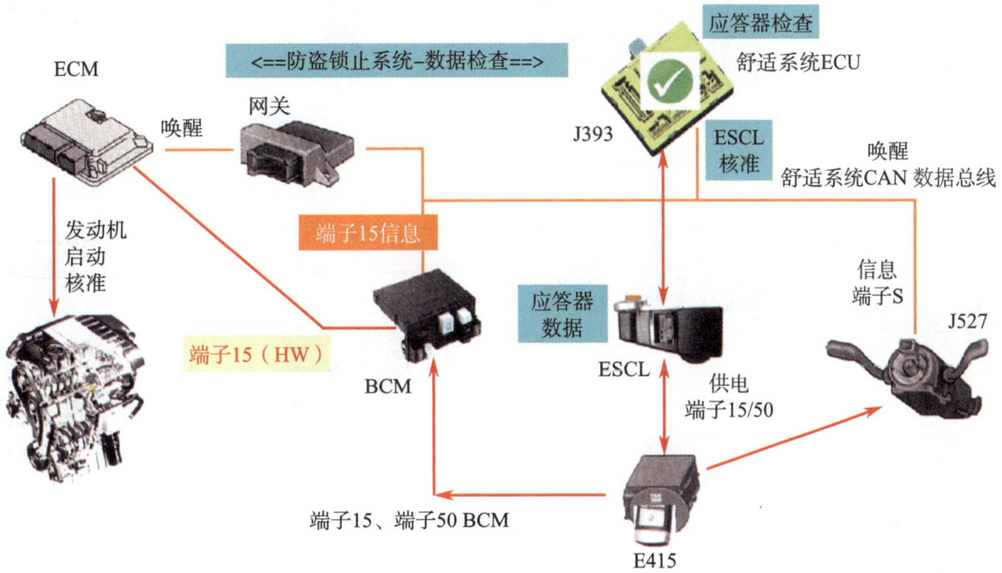

图 14-11 验证过程

（五）无钥匙启动系统故障检查方法

打开点火开关，连接诊断仪进入“舒适系统中央控制单元”，读取故障码，然后根据故障码和车辆出现的故障现象，分析判断检查方向。无钥匙启动系统故障检查方法见表 14-2。

表 14-2　无钥匙启动系统故障检查方法

故障现象	故障现象分析	检查方法
无钥匙启动异常	天线故障、线路故障、控制故障	拆检天线 R137、R138、R139、R154 检查天线 R137、R138、R139、R154 至舒适系统中央控制单元的连接线、插头
无法进入发动机控制单元	电源、搭铁异常	检查发动机控制单元电源、搭铁
	发动机端子 15 无电	依次检查 J527、J393、ESCL、E415、BCM

二、任务准备

选出完成本任务所需的工具、设备、资料等。

	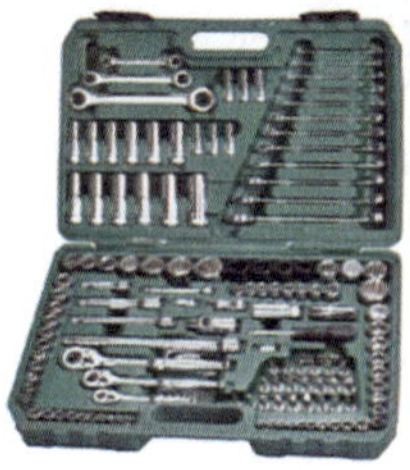		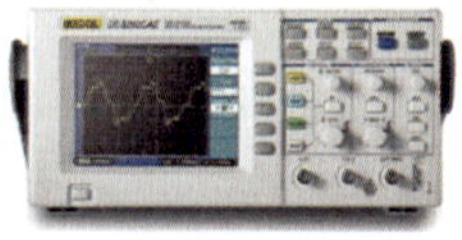
工具车	常用工具套装	三件套	示波器
	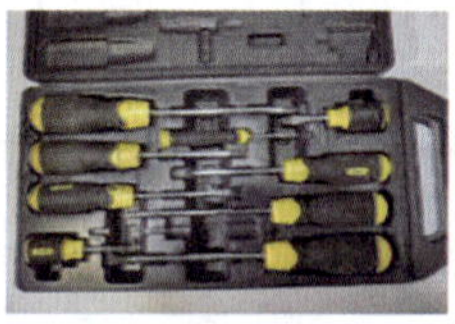	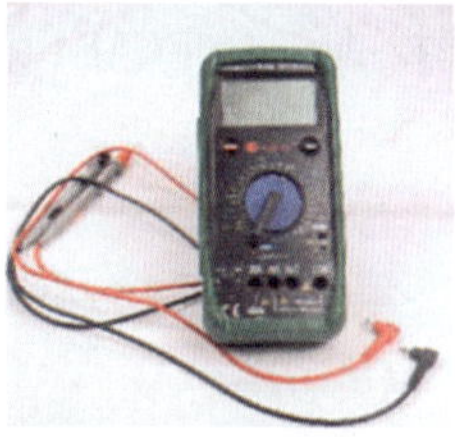	
诊断仪	旋具套装	万用表	抹布

遥控器电池	熔丝	实训车辆	维修手册

三、防护措施

1. 进入车间应穿工鞋，戴工帽；工作服应整洁，无破损；操作时不可戴手表等金属饰品，以防划伤车辆表面。

2. 维修操作前应铺设三件套及翼子板布，发动机启动前应确保其他人员远离车辆。

3. 更换油液或配件时应处理好油液和配件的回收清理工作，以免对工作环境造成污染。

4. 任何时间操作电气设备时都应注意用电安全，作业结束后，应及时切断用电设备的电源。

5. 操作过程中应做到油品、工具、配件三不落地，作业完毕应及时清理车间工作场地，做到现场5S管理。

四、任务分配（见表 14-3）

表 14-3 任务分配表

<table>
<tr><th>职务</th><th>代码</th><th>姓名</th><th>工作内容</th></tr>
<tr><td>组长</td><td>A</td><td></td><td>监督、管理组员工作</td></tr>
<tr><td rowspan="4">组员</td><td>B</td><td></td><td rowspan="2">准备实训所需车辆及零配件</td></tr>
<tr><td>C</td><td></td></tr>
<tr><td>D</td><td></td><td rowspan="2">准备实训所需工具及维修手册</td></tr>
<tr><td>E</td><td></td></tr>
</table>

五、任务实施

（一）操作流程

完成下面工作内容的排序并填写在表 14-4 和表 14-5 中。

表 14-4 无钥匙启动系统故障诊断与维修操作步骤

<table>
<tr><th>项目</th><th>序号</th><th>工作内容</th></tr>
<tr><td rowspan="2">安全防护与准备工作</td><td></td><td>打开驾驶员侧车门，铺设三件套</td></tr>
<tr><td></td><td>打开发动机舱盖，铺设翼子板布</td></tr>
<tr><td>故障验证</td><td></td><td>使用遥控钥匙进入车内后，使用“一键启动”按钮启动车辆，车辆不能正常启动，将钥匙插入进入及启动许可开关中，车辆可以正常启动</td></tr>
<tr><td rowspan="2">读取车辆故障码</td><td></td><td>连接诊断仪，进入车辆自诊断系统</td></tr>
<tr><td></td><td>进入“舒适系统中央控制单元”，读取车辆故障码</td></tr>
<tr><td rowspan="7">检查进入及启动许可天线1-R138及其线束</td><td></td><td>关闭点火开关并拔出钥匙</td></tr>
<tr><td></td><td>拆卸舒适系统中央控制单元 J393，并拆卸其 T18c 插接器</td></tr>
<tr><td></td><td>拆卸中控台</td></tr>
<tr><td></td><td>拆卸进入及启动许可天线 1-R138 的插接器</td></tr>
<tr><td></td><td>拆卸手套箱</td></tr>
<tr><td></td><td>使用万用表测量舒适系统中央控制单元 J393 的 T18c/2 号端子到进入及启动许可天线 1-R138 的 1 号端子之间线束的电阻值</td></tr>
<tr><td></td><td>使用万用表测量舒适系统中央控制单元 J393 的 T18c/8 号端子到进入及启动许可天线 1-R138 的 2 号端子之间线束的电阻值</td></tr>
</table>

续表

项目	序号	工作内容
检查进入及启动许可天线2-R139及其线束		拆卸后排座椅
		使用万用表测量舒适系统中央控制单元J393的T18c/9号端子到进入及启动许可天线2-R139的2号端子之间线束的电阻值
		拆下后车门槛条，直至车内地毯能够向前翘起，维修人员能够触及车内的进入及启动许可天线2-R139，拆卸进入及启动许可天线2-R139的插接器
		使用万用表测量进入及启动许可天线2-R139的1号端子到搭铁之间线束的电阻值
检查进入及启动许可天线3-R154及其线束		拆卸后窗台板
		使用万用表测量舒适系统中央控制单元J393的T18c/3号端子到进入及启动许可天线3-R154的1号端子之间线束的电阻值
		取下减振件并拉出膨胀铆钉
		拔下进入及启动许可天线3-R154的插接器
		使用万用表测量进入及启动许可天线3-R154的2号端子到搭铁之间线束的电阻值
检查与整理		检查车辆使用“一键启动”按钮能否启动
		检查无钥匙进入系统是否正常
		检查车辆故障码是否可以清除
		安装拆卸的部件
		撤去翼子板布及三件套，整理工具及现场卫生

表14-5　大众迈腾轿车端子15无电故障诊断与维修操作步骤

项目	序号	工作内容
安全防护与准备工作		打开驾驶员侧车门，铺设三件套
		打开发动机舱盖，铺设翼子板布
故障验证		打开点火开关，检查仪表是否正常显示。按“一键启动”按钮，查看车辆能否正常启动
检查端子15供电继电器及其线束		检查熔丝SB30（50 A）是否熔断
		拆卸端子15供电继电器J329
		检查端子15供电继电器J329是否正常
		使用万用表检查熔丝SB30处是否有12 V电压，正常应为12 V
		检查熔丝SB30到端子15供电继电器3号端子之间线束的电阻值，正常应小于0.5 Ω
		拆卸车载电网控制单元J519的插接器B
		检查J519的T52b/12号端子到端子15供电继电器1号端子之间线束的电阻值，正常应小于0.5 Ω
		检查端子15供电继电器5号端子到熔丝SC2之间线束的电阻值，正常应小于0.5 Ω
		检查端子15供电继电器2号端子到搭铁之间线束的电阻值，正常应小于0.5 Ω
检查S端子信号		检查熔丝SC16是否正常
		检查熔丝SC16处电压是否为12 V，正常应为12 V
		拆卸电子点火开关D9，并拆卸其插接器

续表

项目	序号	工作内容
检查 S 端子信号		使用万用表测量熔丝 SC16 到电子点火开关 D9 的 T16f/3 号端子之间线束的电阻值，正常应小于 0.5 Ω
		检查 J942 的 T32g/3 号端子到 J527 的 T16o/7 号端子之间线束的电阻值，正常应小于 0.5 Ω
		拆卸发动机启动控制系统的控制单元 J942（具体拆卸步骤参照维修手册），并拆卸 J942 插接器
		拆卸转向柱护罩，并拆卸转向柱电子装置控制单元插接器
检查串行总线		拆卸手套箱
		拆卸转向柱电子装置控制单元 J764 插接器
		拆卸舒适系统中央控制单元，并拆卸其 T6an 插接器
		使用万用表测量舒适系统中央控制单元的 T6an/5 号端子到转向柱电子装置控制单元 J764 的 T10k/2 号端子之间线束的电阻值，正常应小于 0.5 Ω
测量防盗锁止系统读取线圈线束		使用万用表测量电子点火开关 D9 的 T16f/1 号端子到转向柱电子装置控制单元 J764 的 T10k/5 号端子之间线束的电阻值，正常应小于 0.5 Ω
		使用万用表测量电子点火开关 D9 的 T16f/9 号端子到转向柱电子装置控制单元 J764 的 T10k/4 号端子之间线束的电阻值，正常应小于 0.5 Ω
检查供电线		检查 D9 的 T16f/13 号端子到 J942 的 T32g/26 号端子之间线束的电阻值，正常应小于 0.5 Ω
		检查 D9 的 T16f/5 号端子到 J942 的 T32g/4 号端子之间线束的电阻值，正常应小于 0.5 Ω
		检查 D9 的 T16f/6 号端子到 J942 的 T32g/5 号端子之间线束的电阻值，正常应小于 0.5 Ω
		检查 J393 的 T6an/3 号端子到 J764 的 T10k/8 号端子之间线束的电阻值，正常应小于 0.5 Ω
		检查 J393 的 T6an/3 号端子到 J764 的 T10k/10 号端子之间线束的电阻值，正常应小于 0.5 Ω
		检查 J764 的 T10k/6 号端子到电子点火开关 D9 的 T16f/8 号端子之间线束的电阻值，正常应小于 0.5 Ω
		检查 J942 的 T32g/20 号端子到 J519 的 T52c/14 号端子之间线束的电阻值，正常应小于 0.5 Ω
		检查 J942 的 T32g/20 号端子到 J519 的 T52c/31 号端子之间线束的电阻值，正常应小于 0.5 Ω
诊断仪检查		连接好拆卸的插接器
		连接诊断仪，将钥匙插入点火开关，进入车辆自诊断系统，检查相应的故障
如果以上检查没有检查出故障，使用诊断仪检查或更换相应的防盗部件，具体更换以实车故障为准，本过程仅按照端子 15 正电的形成来检查相应的线束，由于本故障对相应的防盗部件无法匹配，故此检查过程不涉及防盗部件的检查		
整理		将拆卸的部件装回原位
		撤去翼子板布及三件套，整理工具及现场卫生

（二）实施记录

结合实施过程，对照表 14-6 和表 14-7 所列检查项目进行检查，并记录实际的检查结果。

表 14-6 无钥匙启动系统故障诊断与维修实施记录

序号	检查项目	故障检查	故障记录
1	安全防护与准备工作	打开驾驶员侧车门，铺设三件套 □ 打开发动机舱盖，铺设翼子板布 □	完成情况：
2	故障验证	使用遥控钥匙解锁车辆进入车内后，按“一键启动”按钮启动车辆，车辆能否正常启动 □ 将钥匙插入进入及启动许可开关中，启动车辆，车辆能否正常启动 □	检查出的故障：
3	无钥匙启动故障检测	钥匙无线发射功能防盗验证故障 □ “一键启动”按钮 E378 故障 □ 舒适系统中央控制单元 J393 损坏 □ 防盗系统异常，验证不通过故障 □ 连接诊断仪，进入“舒适系统中央控制单元”，读取车辆故障码：________ ________ 检查进入及启动许可天线 1-R138 及其线束是否正常 □ 舒适系统中央控制单元 J393 的 T18c/2 号端子到进入及启动许可天线 1-R138 的 1 号端子之间线束的电阻值为________ Ω 舒适系统中央控制单元 J393 的 T18c/8 号端子到进入及启动许可天线 1-R138 的 2 号端子之间线束的电阻值为________ Ω 检查进入及启动许可天线 2-R139 及其线束是否正常 □ 舒适系统中央控制单元 J393 的 T18c/9 号端子到进入及启动许可天线 2-R139 的 2 号端子之间线束的电阻值为________ Ω 进入及启动许可天线 2-R139 的 1 号端子到搭铁之间线束的电阻值为________ Ω 检查进入及启动许可天线 3-R154 及其线束是否正常 □ 舒适系统中央控制单元 J393 的 T18c/3 号端子到进入及启动许可天线 3-R154 的 1 号端子之间线束的电阻值为________ Ω 进入及启动许可天线 3-R154 的 2 号端子到搭铁之间线束的电阻值为________ Ω	检查出的故障：
4	其他		检查出的故障：
5	整理	检查车辆使用“一键启动”按钮能否启动 □ 检查无钥匙进入系统是否正常 □ 检查车辆故障码是否可以清除 □ 安装拆卸的部件 □ 撤去翼子板布及三件套，整理工具及现场卫生 □	完成情况：

续表

根据任务实施流程和故障排除过程，总结无钥匙启动系统故障排除思路，并填写在下面： 1. ____________ 2. ____________ 3. ____________ 4. ____________ 5. ____________ 6. ____________

表 14-7 大众迈腾轿车端子 15 无电故障诊断与维修实施记录

序号	检查项目	故障检查	故障记录
1	安全防护与准备工作	打开驾驶员侧车门，铺设三件套 □ 打开发动机舱盖，铺设翼子板布 □	完成情况：
2	故障验证	打开点火开关，检查仪表是否正常显示 □ 按“一键启动”按钮，查看车辆能否正常启动 □	检查出的故障：
3	端子 15 无电故障检测	端子 15 供电继电器损坏 □ 熔丝 SB30（50 A）损坏 □ 舒适系统中央控制单元 J393 损坏 □ 熔丝 SC16 损坏 □ 连接诊断仪，进入“舒适系统中央控制单元”，读取车辆故障码：________ ________________ 检查端子 15 供电继电器 J329 是否正常 □ 熔丝 SB30 到端子 15 供电继电器 3 号端子之间线束的电阻值为________ Ω，端子 15 供电继电器 5 号端子到熔丝 SC2 之间线束的电阻值为________ Ω，端子 15 供电继电器 2 号端子到搭铁之间线束的电阻值为________ Ω J519 的 T52b/12 号端子到端子 15 供电继电器 1 号端子之间线束的电阻值为________ Ω 检查 S 端子信号是否正常 □ 熔丝 SC16 到电子点火开关 D9 的 T16f/3 号端子之间线束的电阻值为________ Ω J942 的 T32g/3 号端子到 J527 的 T16o/7 号端子之间线束的电阻值为________ Ω 检查串行总线是否正常 □ 舒适系统中央控制单元的 T6an/5 号端子到转向柱电子装置控制单元 J764 的 T10k/2 号端子之间的电阻值为________ Ω 测量防盗锁止系统读取线圈线束 □ 电子点火开关 D9 的 T16f/1 号端子到转向柱电子装置控制单元 J764 的 T10k/5 号端子之间线束的电阻值为________ Ω 电子点火开关 D9 的 T16f/9 号端子到转向柱电子装置控制单元 J764 的 T10k/4 号端子之间线束的电阻值为________ Ω 检查各控制单元、各执行元件、各传感器的电源和搭铁： 舒适系统中央控制单元 J393 的电源和搭铁 □	检查出的故障：

续表

序号	检查项目	故障检查	故障记录
3	端子 15 无电故障检测	ESCL 锁止功能控制单元 J764 的电源和搭铁 □ 电子点火开关 D9 的电源和搭铁 □ 发动机启动控制系统的控制单元 J942 的电源和搭铁 □	
4	其他		检查出的故障:
5	整理	撤去翼子板布及三件套，整理工具及现场卫生	完成情况:
根据任务实施流程和故障排除过程，总结大众迈腾轿车端子 15 无电故障排除思路，并填写在下面: 1.______ 2.______ 3.______ 4.______ 5.______ 6.______			

六、检查

（一）自检

结合本组任务操作过程，对任务执行过程中的操作规范性进行检查，检查操作过程中是否存在以下问题，分析讨论应如何避免并总结规范的操作方法（见表 14–8）。

表 14–8 自检

检查项目	结果
车辆停放位置是否合适，是否将变速器置于空挡并拉紧驻车制动器	是 □ 否 □
是否使用三件套对车辆进行防护	是 □ 否 □
故障点是否找到	是 □ 否 □
故障是否排除	是 □ 否 □
工作场地是否清洁，车辆是否复位	是 □ 否 □

（二）互检

组与组之间相互进行任务操作过程及结果检查，并把检查结果填写在表 14–9 中。

表 14-9 互检

检查项目	结果
车辆停放位置是否合适，是否将变速器置于空挡并拉紧驻车制动器	是□ 否□
是否使用三件套对车辆进行防护	是□ 否□
故障点是否找到	是□ 否□
故障是否排除	是□ 否□
工作场地是否清洁，车辆是否复位	是□ 否□

七、课堂小结

任务十五　车载逆变器故障诊断与维修

车载逆变器故障诊断与维修任务工单						
客户信息	客户姓名		联系电话		接单日期	
车辆信息	车辆品牌		出厂日期		特殊配置	
	车辆年款		车身颜色			
故障信息	灯光系统故障 □ 自动雨刮故障 □ 无钥匙进入系统故障 □ 安全气囊系统故障 □		静态转向灯故障 □ 电动座椅故障 □ 无钥匙启动系统故障 □ 其他 □		天窗故障 □ 电动车窗、电动后视镜故障 □ 车载逆变器故障 □	
	客户描述：					

车辆外观检查		车辆内饰检查	
凹凸 □ 划痕 □ 石击 □ 油漆 □	见下图（车辆外观）	污渍 □ 破损 □ 色斑 □ 变形 □	见下图（车辆内饰）

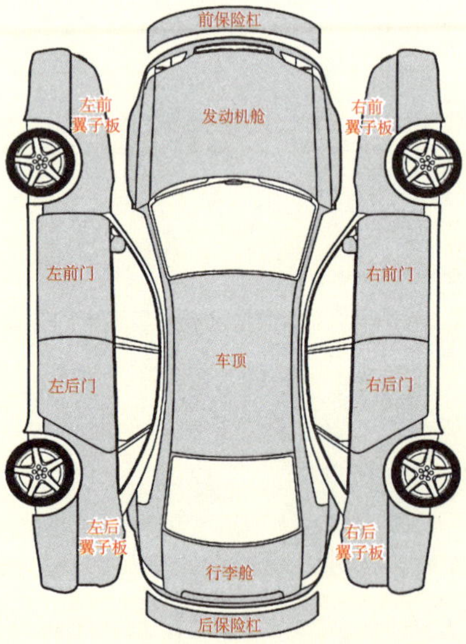

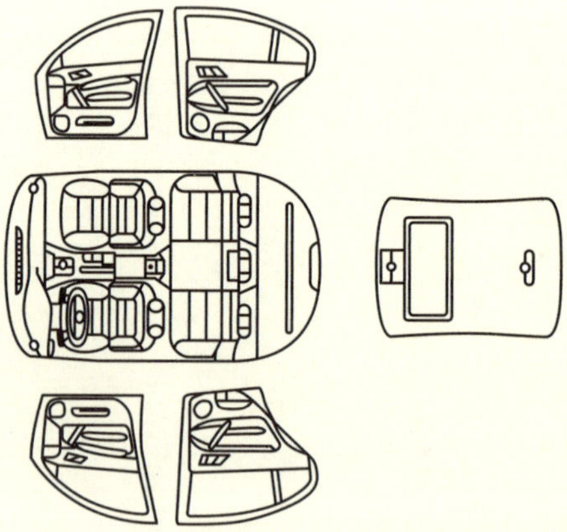

明确具体工作任务	

任务目标

- 能够熟练地对车载逆变器故障进行诊断与维修

续表

任务内容	● 车载逆变器的工作原理与使用注意事项 ● 车载逆变器的保护功能 ● 车载逆变器的检查方法
任务重点	● 车载逆变器的检查方法

一、知识讲解

（一）车载逆变器简介

车载逆变器（见图 15–1）是一种能够将直流电（DC 12 V）转化为交流电（一般为 AC 220 V/50 Hz 正弦波或方波），以供一般电器应急使用的电源装置。

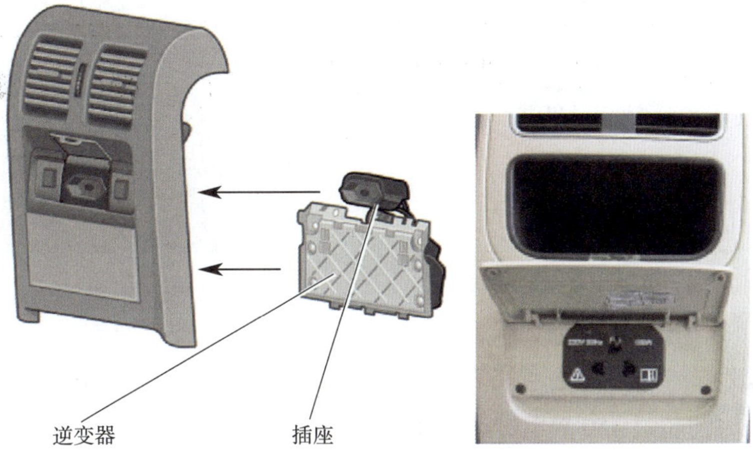

图 15–1 车载逆变器

大众迈腾轿车上的 230 V/50 Hz 插座安装在中控台内杯架后部的位置上，逆变器和插座紧密相连，如图 15–2 所示。

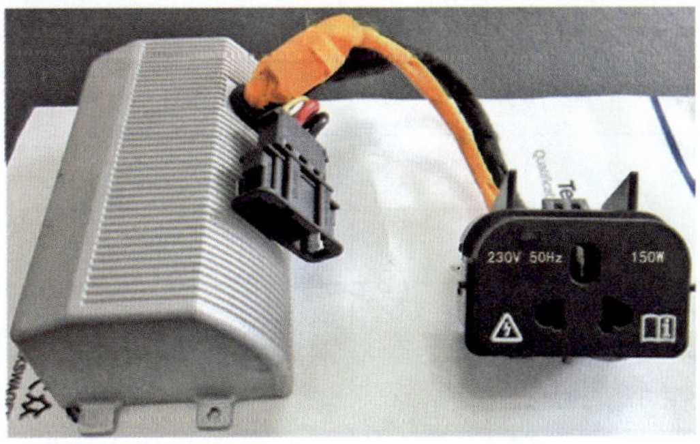

图 15–2 逆变器与插座

大众迈腾轿车车载逆变器的输入输出规格：输入电压为 DC 12 V，输出电压为 AC 230 V/50 Hz，额定功率为 150 W。

（二）车载逆变器的工作原理与使用注意事项

车载逆变器单元上的接线分别是供电线（端子 30）、搭铁线（端子 31）、发动机运行信号线（端子 61）、儿童安全锁微型开关、LED 状态指示灯，如图 15-3 所示。只有在发动机运行（端子 61 接通）时才接通插座上的电压。

车载逆变器插座是没有保护触点的，其最大可以 150 W 功率持续运行，如图 15-4 所示。短时间（2 min）内最大功率可以达到约 300 W。插座内有集成的儿童保护装置，该装置同时也起打开开关的作用。

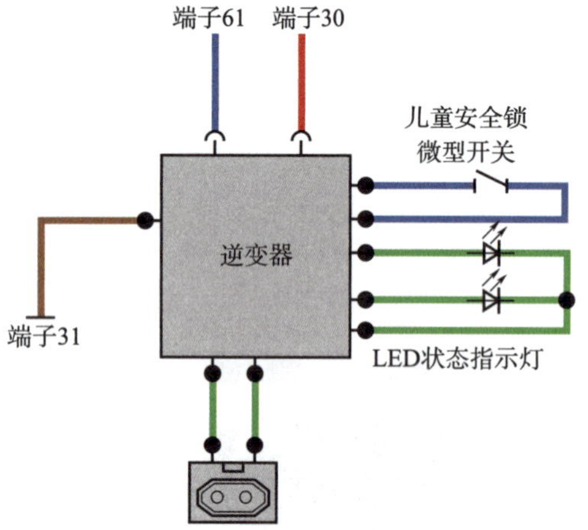

图 15-3　车载逆变器电路图

图 15-4　车载逆变器插座

车载逆变器插座上方的 LED 绿色点亮表明功能正常；如果该 LED 红色闪烁，则表示发生故障。

如果输出功率长时间超过 150 W（过热关闭），或者连接过高的负载（大于 300 W），则可能导致故障发生。

维修提示：不允许在 230 V 电压装置上进行维修作业。因此，在车载逆变器插座损坏或车载逆变器损坏时，必须更换整个组件。

车载逆变器的使用范围见表 15-1。

表 15-1　车载逆变器的使用范围

用电设备	功率 /W	可行	不可行
便携式计算机	75～110	√	
游戏手柄	40～100	√	
灯泡	25～100	√	
电视	85	√	
奶瓶加热器	80	√	
手机充电器	30	√	
DVD 播放器	30	√	

续表

用电设备	功率 /W	可行	不可行
剃须刀	10	√	
吹风机	1 000		√
吸尘器	800		√
咖啡机	500		√
带地线连接的用电器			√

（三）车载逆变器的保护功能

车载逆变器的结构框图如图 15–5 所示，它具有低压保护、过压保护等保护功能。

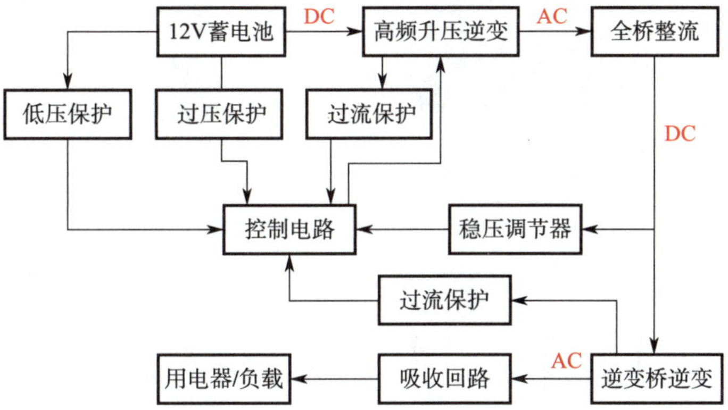

图 15–5　车载逆变器的结构框图

低压保护：在逆变器工作一段时间后，蓄电池的电量逐渐降低到 10.5 V 时逆变器报警，敏感电器（如便携式计算机）应停止使用。忽略报警而使电压降低到 9.7 ~ 10.3 V 时，逆变器将自动关闭。

过压保护：充电系统故障，蓄电池电压升高到 15.5 V 以上时逆变器停止工作。

（四）车载逆变器的检查方法

由于车载逆变器电路一般都具有上电软启动功能，所以在接通电源后要等 5 ~ 30 s 才会有交流 220 V 的输出，同时 LED 指示灯点亮。

若 LED 指示灯不亮，则表明逆变器电路工作异常，需要测量交流输出插座处的交流电压值，若该电压值为正常的 220 V 左右，则说明是 LED 指示灯部分的电路出现了故障。

若测得交流输出插座处的交流电压值为 0，则需要检查逆变器是否已经进入保护电路，逆变器电源和搭铁是否正常，发动机运行信号线是否正常；如果逆变器未进入保护，逆变器电源和搭铁正常，发动机运行信号线正常，则可以初步判断为逆变器损坏，需更换整个组件。

二、任务准备

选出完成本任务所需的工具、设备、资料等。

	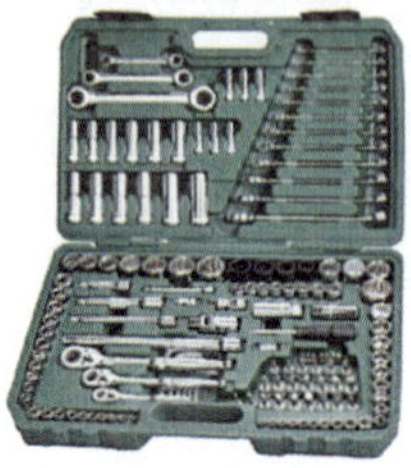	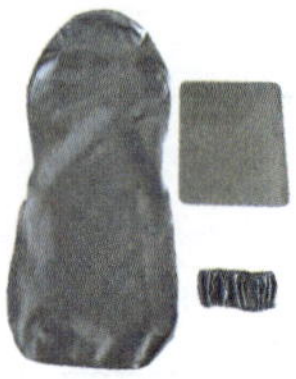	
工具车	常用工具套装	三件套	内饰撬板套装
	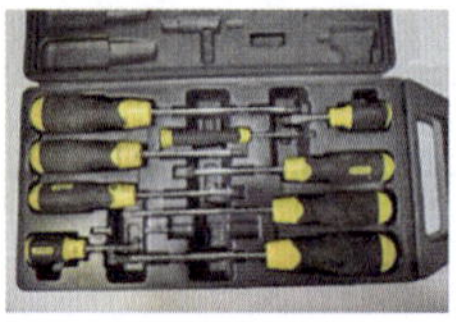	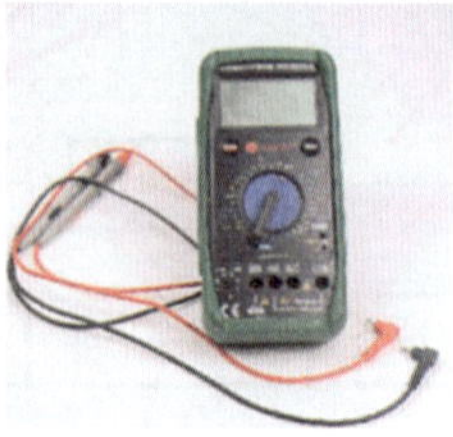	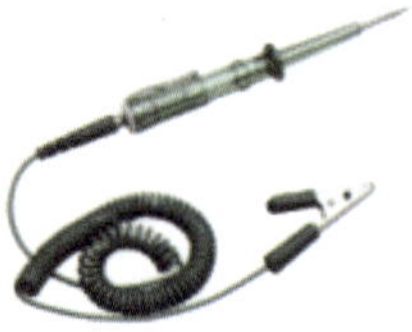
诊断仪	旋具套装	万用表	二极管试灯
	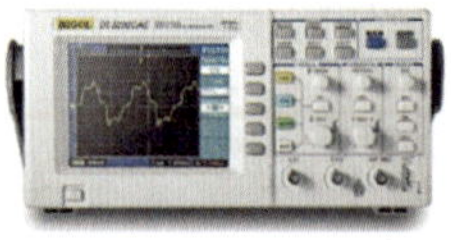		
护目镜	示波器	抹布	熔丝

实训车辆		维修手册	

三、防护措施

1. 进入车间应穿工鞋，戴工帽；工作服应整洁，无破损；操作时不可戴手表等金属饰品，以防划伤车辆表面。

2. 维修操作前应铺设三件套及翼子板布，发动机启动前应确保其他人员远离车辆。

3. 更换油液或配件时应处理好油液和配件的回收清理工作，以免对工作环境造成污染。

4. 任何时间操作电气设备时都应注意用电安全，作业结束后，应及时切断用电设备的电源。

5. 操作过程中应做到油品、工具、配件三不落地，作业完毕应及时清理车间工作场地，做到现场 5S 管理。

四、任务分配（见表 15-2）

表 15-2 任务分配表

职务	代码	姓名	工作内容
组长	A		监督、管理组员工作
组员	B		准备实训所需车辆及零配件
	C		
	D		准备实训所需工具及维修手册
	E		

五、任务实施

（一）操作流程

完成下面工作内容的排序并填写在表 15-3 中。

表 15-3 蓄电池指示灯常亮故障（车载逆变器故障）诊断与维修操作步骤

项目	序号	工作内容
安全防护与准备工作		打开驾驶员侧车门，铺设三件套
		打开发动机舱盖，铺设翼子板布
故障验证		启动发动机，蓄电池指示灯常亮，使用万用表测量蓄电池电压，正常应为蓄电池额定电压
		连接诊断仪，打开点火开关，读取车辆系统故障码，发现无故障码存在，读取发动机第 53 组数据后得知，发电机怠速时不发电
测量发电机励磁线		依次拆卸车载电网控制单元 J519 的 T52c 号插接器、发电机后部插接器、中央扶手、逆变器插接器
		测量车载电网控制单元 J519 的 T52c/32 号端子与搭铁是否导通
		启动发动机，使用万用表测量发电机插接器 T2gc/1 号端子电压，正常应大于 12 V（实际测量时为 0 V）
		拆卸驾驶员侧脚部饰板，使用万用表测量车载电网控制单元 J519 的 T52c/32 号端子电压，正常应为 12 V（实际测量时为 0 V）
		打开点火开关，安装车载电网控制单元 J519 的 T52c 号插接器，使用万用表测量车载电网控制单元 J519 的 T52c/32 号端子电压
测量逆变器线束		断开逆变器插接器，测量逆变器 T3aj/1 号端子与搭铁之间的电阻值
		打开点火开关，使用万用表测量逆变器 T3aj/2 号端子电压，正常应有 12 V 电压
		使用万用表测量车载电网控制单元 J519 的 T52c/32 号端子与逆变器 T3aj/3 号端子之间线束的电阻值

续表

项目	序号	工作内容
排除故障		安装发电机后部插接器，断开逆变器插接器，启动车辆，蓄电池指示灯熄灭
		连接逆变器插接器后，故障再现，说明逆变器内部短路
		测量蓄电池电压，电压大于蓄电池额定电压
		测量逆变器 T3aj/3 号端子处电压，电压大于蓄电池额定电压，测量结果正常
		更换新的逆变器
整理		安装拆卸的部件，检查故障是否排除
		撤去翼子板布及三件套，整理工具及现场卫生

（二）实施记录

结合实施过程，对照表 15-4 所列检查项目进行检查，并记录实际的检查结果。

表 15-4　蓄电池指示灯常亮故障（车载逆变器故障）诊断与维修实施记录

序号	检查项目	故障检查	故障记录
1	安全防护与准备工作	打开驾驶员侧车门，铺设三件套 □ 打开发动机舱盖，铺设翼子板布 □	完成情况：
2	故障验证及基础检查	蓄电池电压：__________V　车载逆变器故障 □ 损坏的熔丝：SC1 □　　SC31 □	检查出的故障：
3	逆变器故障诊断与维修	正确连接诊断仪　□　不能进入自诊断 □　可以进入自诊断 □ 诊断插座 U31 检查 □　相关熔丝检查　□　网关 J533 检查 □ 车载电网控制单元 J519 电源、搭铁、熔丝检查 □ 网关 J533 电源、搭铁、熔丝检查 □ 读取故障码：有故障码 □　无故障码 □ 读取电阻测量值：电阻测量值有变化 □　电阻测量值无变化 □ 故障码记录：______________________________ ______________________________ 车载电网控制单元 J519 的 T52c/32 号端子与搭铁是否导通 □ 车载电网控制单元 J519 的 T52c/32 号端子电压是否正常 □ 逆变器 T3aj/2 号端子是否有 12V 电压 □ 车载电网控制单元 J519 的 T52c/32 号端子与逆变器 T3aj/3 号端子之间线束的电阻值是否正常 □	检查出的故障：
4	其他		检查出的故障：
5	整理	撤去翼子板布及三件套 □ 整理工具及现场卫生　□	完成情况：

续表

根据任务实施流程和故障排除过程，总结车载逆变器故障排除思路，并填写在下面：
1. ______
2. ______
3. ______
4. ______
5. ______
6. ______

六、检查

（一）自检

结合本组任务操作过程，对任务执行过程中的操作规范性进行检查，检查操作过程中是否存在以下问题，分析讨论应如何避免并总结规范的操作方法（见表 15-5）。

表 15-5 自检

检查项目	结果
车辆停放位置是否合适，是否将变速器置于空挡并拉紧驻车制动器	是 □ 否 □
是否使用三件套对车辆进行防护	是 □ 否 □
故障是否确认	是 □ 否 □
逆变器测量值是否正确	是 □ 否 □
逆变器控制单元故障是否排除	是 □ 否 □
工作场地是否清洁，车辆是否复位	是 □ 否 □

（二）互检

组与组之间相互进行任务操作过程及结果检查，并把检查结果填写在表 15-6 中。

表 15-6 互检

检查项目	结果
车辆停放位置是否合适，是否将变速器置于空挡并拉紧驻车制动器	是 □ 否 □
是否使用三件套对车辆进行防护	是 □ 否 □
故障是否确认	是 □ 否 □
逆变器测量值是否正确	是 □ 否 □
逆变器控制单元故障是否排除	是 □ 否 □
工作场地是否清洁，车辆是否复位	是 □ 否 □

七、课堂小结

任务十六　安全气囊系统故障诊断与维修

安全气囊系统故障诊断与维修任务工单					
客户信息	客户姓名		联系电话		接单日期	
车辆信息	车辆品牌		出厂日期		特殊配置	
	车辆年款		车身颜色			

故障信息			
	灯光系统故障 □	静态转向灯故障 □	天窗故障 □
	自动雨刮故障 □	电动座椅故障 □	电动车窗、电动后视镜故障 □
	无钥匙进入系统故障 □	无钥匙启动系统故障 □	车载逆变器故障 □
	安全气囊系统故障 □	其他 □	
	客户描述：		

车辆外观检查		车辆内饰检查	
凹凸 □	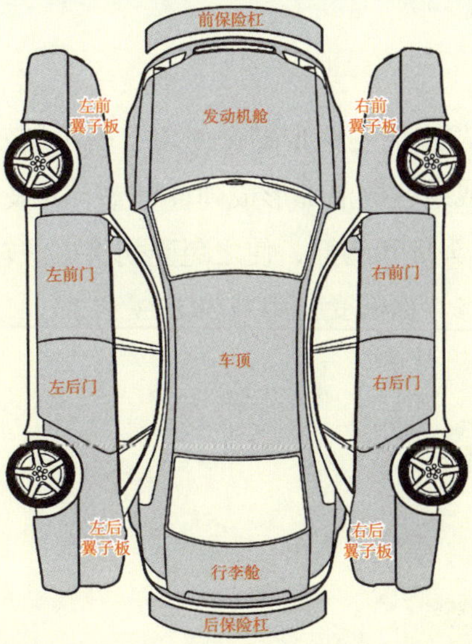	污渍 □	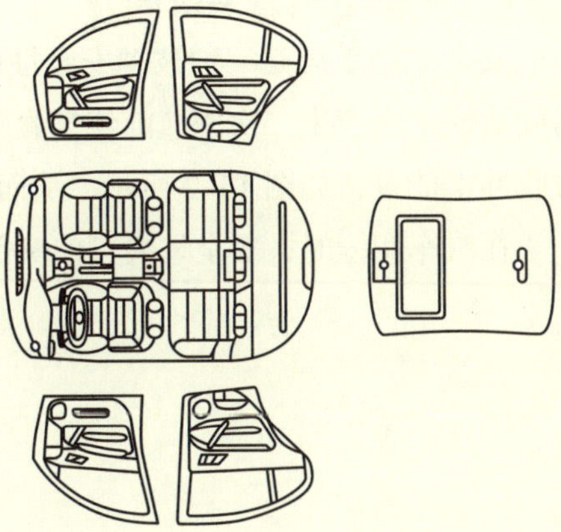
划痕 □		破损 □	
石击 □		色斑 □	
油漆 □		变形 □	

明确具体工作任务	

任务目标

● 能够熟练地对汽车安全气囊系统故障进行诊断与维修

续表

任务内容	● 安全气囊系统组成及引爆过程 ● 安全气囊系统故障原因及对应检查方法 ● 安全气囊系统维修注意事项
任务重点	● 安全气囊系统故障原因及对应检查方法

一、知识讲解

（一）安全气囊指示灯

安全气囊指示灯用来显示安全气囊的工作状态。当打开点火开关，车辆自检时，安全气囊指示灯自动点亮数秒后应该熄灭，如果常亮，则表示安全气囊系统出现故障，如图 16–1 所示。

图 16–1　安全气囊指示灯

（二）安全气囊系统简介

安全气囊系统是一种被动安全性的保护系统，它与座椅安全带配合使用，当车辆发生碰撞时，在驾驶员或乘客产生二次碰撞前使气囊膨胀，在驾驶员或乘客的前部形成弹性气垫，并及时泄漏、收缩，吸收冲击能量，如图 16–2 所示，从而有效地保护人体头部和胸部，使之免受伤害或减轻伤害程度。

在汽车相撞时，安全气囊可使头部受伤率减少 25%，面部受伤率减少 80% 左右。

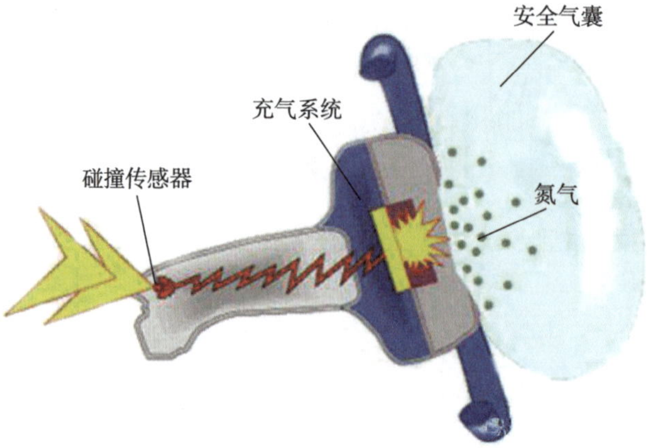

图 16–2　安全气囊

1. 安全气囊系统的组成

安全气囊系统由整体式安全气囊、碰撞传感器、安全气囊控制单元、安全带以及线束等构成，如图 16–3 所示。

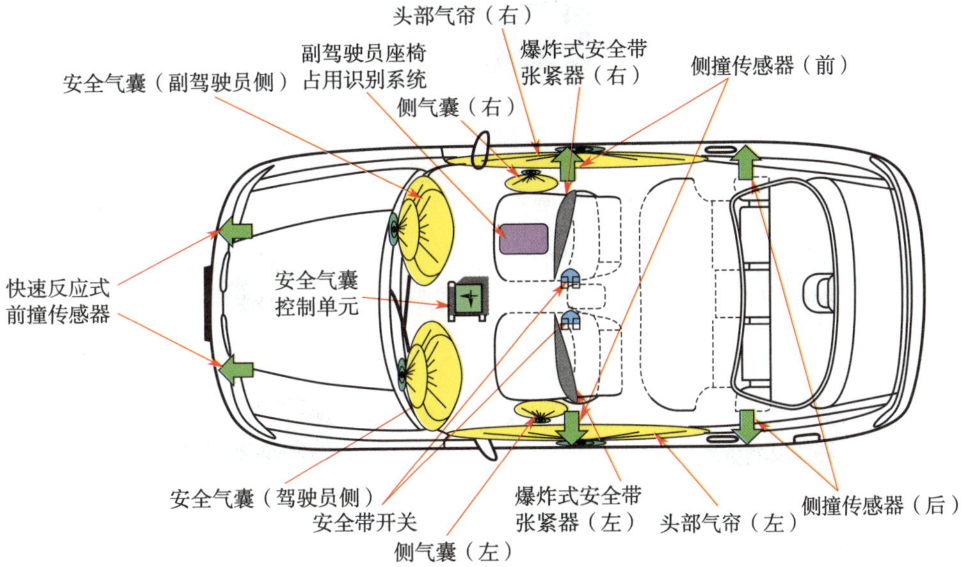

图 16–3　安全气囊系统的组成

（1）整体式安全气囊

图 16–4 所示为整体式安全气囊，它由气囊与气体发生器组成。当气体发生器接到安全气囊控制单元的信号后引燃气体发生剂，产生大量气体，经过滤并冷却后进入气囊，使气囊在极短的时间内突破衬垫迅速展开。

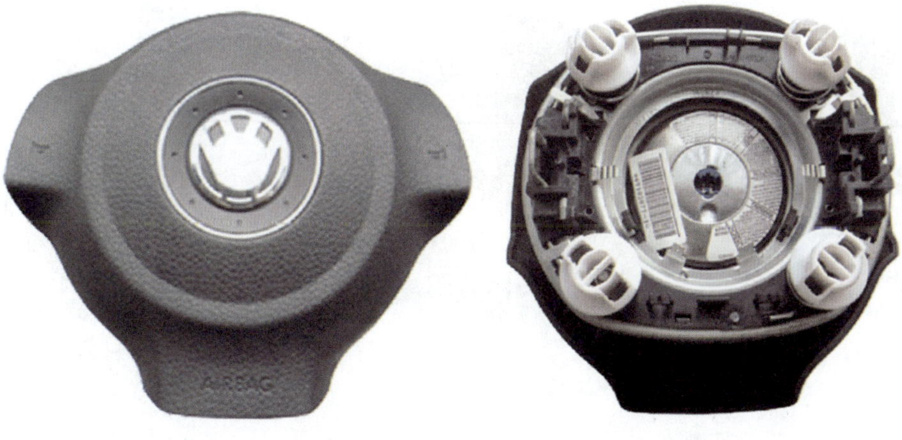

a）正面　　b）反面

图 16–4　整体式安全气囊

（2）碰撞传感器

碰撞传感器负责感知碰撞并向安全气囊控制单元发出展开指令。

（3）安全气囊控制单元

安全气囊控制单元负责进行数据采集与数据处理，诊断安全气囊的可靠性，保证在达到预设的数值时及时发出点火信号，同时保证驱动气体发生器有足够大的驱动电流等，如图 16–5 所示。

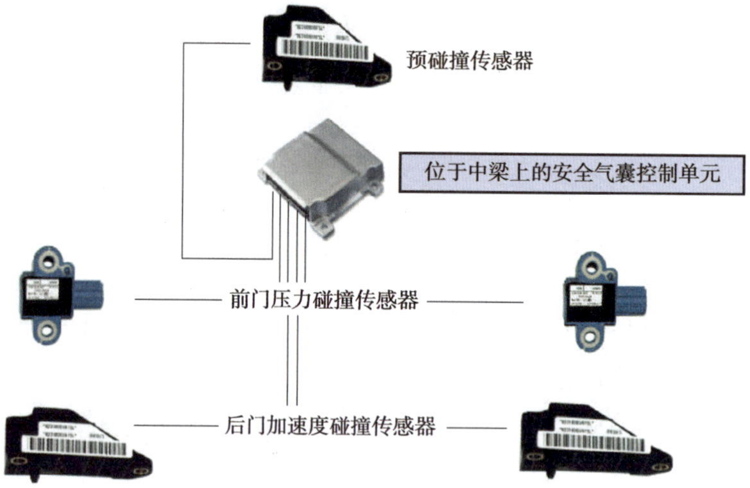

图 16–5　安全气囊控制单元

（4）安全带

常用的是预紧式安全带（见图 16–6），其特点如下：当汽车发生碰撞事故的一瞬间，乘客尚未向前移动时，它会首先拉紧织带，立即将乘客紧紧地绑在座椅上，然后锁止织带，防止乘客身体前倾，有效保护乘客的安全。预紧式安全带中起主要作用的卷收器与普通安全带不同，它还有控制装置和预拉紧装置。

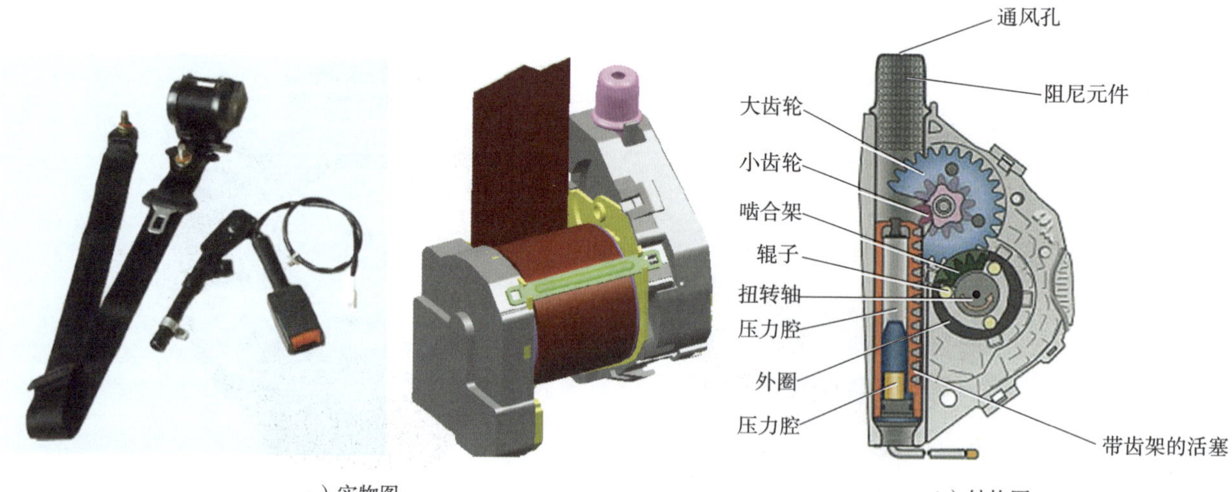

a）实物图　　b）结构图

图 16–6　预紧式安全带

2. 碰撞被引爆条件

安全气囊被引爆需要一定的速度和碰撞角度，碰撞信息都是由碰撞传感器感知并传输给安全气囊控制单元的，如图 16–7 所示。图 16–8 所示为安全气囊碰撞角度示意图。

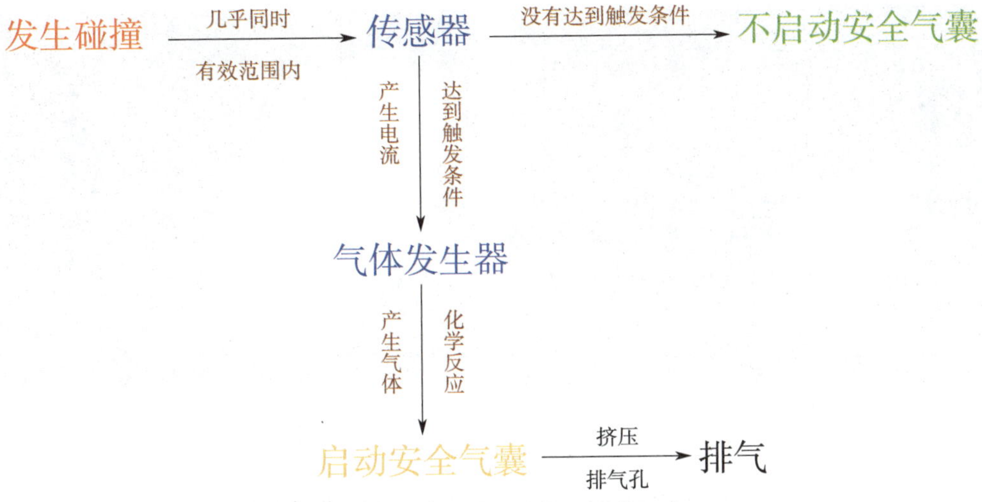

图 16-7 碰撞被引爆示意图

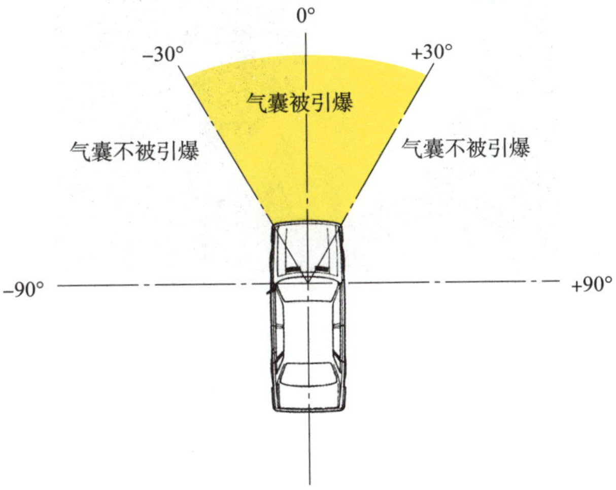

图 16-8 安全气囊碰撞角度示意图

3. 安全气囊引爆过程（见图 16-9）

a）

b）

c）

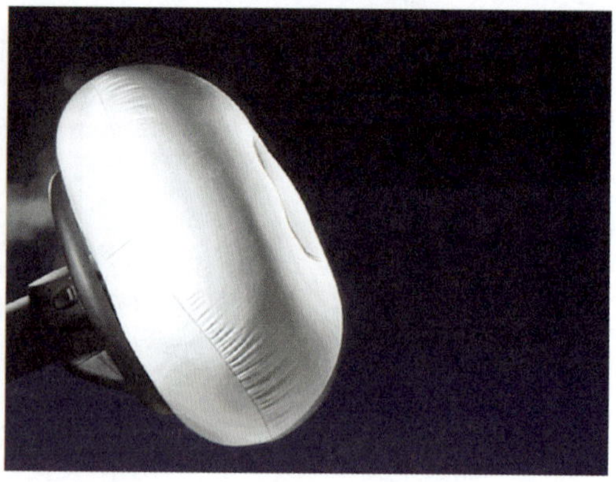

d）

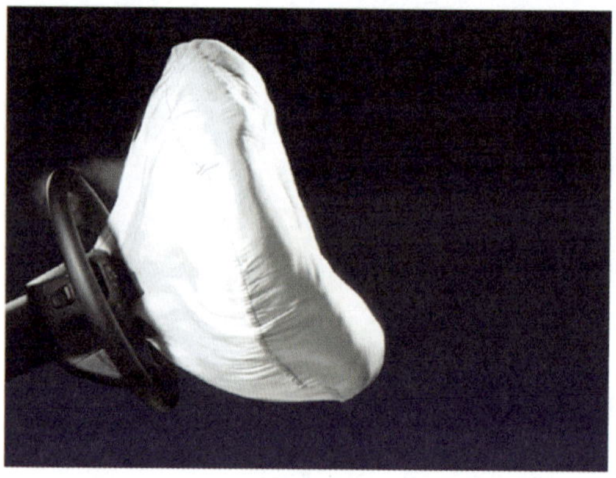

e）

图 16-9　安全气囊引爆过程

（三）安全气囊系统故障原因及对应检查方法（见表 16-1）

表 16-1　安全气囊系统故障原因及对应检查方法

可能的故障原因	检查方法
碰撞传感器故障	检查安全气囊系统各碰撞传感器
安全气囊故障	检查安全气囊，更换安全气囊
滑环故障	检查滑环，更换滑环
安全气囊控制单元故障	检查安全气囊控制单元电源、搭铁，更换安全气囊控制单元
安全气囊系统诊断程序无法通信	检查安全气囊控制单元电源、搭铁，检查安全气囊控制单元和网关线束连接
驾驶员侧安全气囊控制单元故障	拆装驾驶员侧安全气囊控制单元，检查线束连接，更换滑环
副驾驶员座椅占用信号错误	拆装、检查副驾驶员座椅占用传感器，并重新匹配

副驾驶员座椅占用传感器如图 16-10 所示，其作用是检测座椅上是否有人，并将检测信号传送至安全带报警装置，也可以作为副驾驶员侧安全气囊开关使用。

未装副驾驶员座椅占用传感器车辆的副驾驶员气囊关闭控制原理如图 16-11 所示。

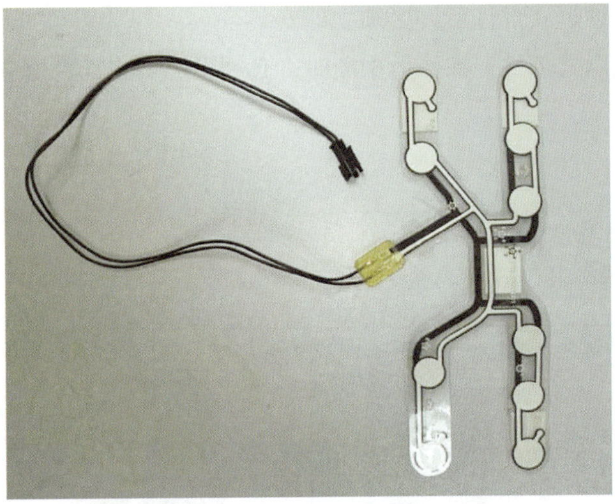

图 16-10 副驾驶员座椅占用传感器

图 16-11 未装副驾驶员座椅占用传感器车辆的副驾驶员气囊关闭控制原理

（四）安全气囊系统维修注意事项

1. 应戴护目镜和保护手套。

2. 安全气囊单元无更换周期。

3. 严禁使用检测灯、电压表或欧姆表进行检测。

4. 只允许在已安装的状态下，使用制造商许可的车辆诊断、测量和信息系统检测燃爆式部件。

5. 对燃爆式部件和安全气囊控制单元进行操作时，必须在已打开点火开关的情况下断开蓄电池接地线，然后遮盖住负极。注意：断开蓄电池后必须等待 10 s。

6. 接触过已触发的安全带拉紧系统的燃爆式部件后必须洗手。

7. 既不允许打开，也不允许维修燃爆式部件，只能使用新部件，否则会有受伤危险。

8. 如果燃爆式部件曾落到坚硬的底板上或受到损坏，则不允许再安装。

9. 在操作安全带拉紧系统的燃爆式部件（如脱开电气插头连接）前，维修人员必须排除自身静电。一般通过短暂触摸车门锁止楔等接地金属零部件即可释放自身静电。

10. 从运输容器中取出燃爆式部件后，必须立即安装。

11. 不允许随意放置燃爆式部件。在作业中断时，必须将燃爆式部件重新放回运输容器中。

二、任务准备

选出完成本任务所需的工具、设备、资料等。

	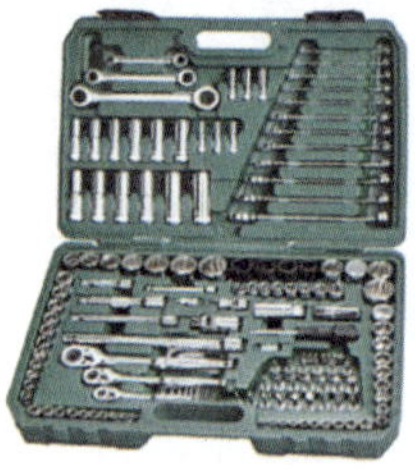		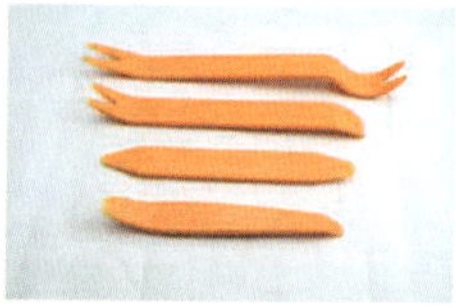
工具车	常用工具套装	三件套	内饰撬板套装
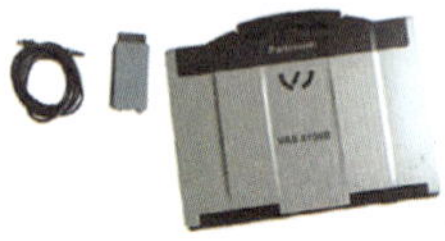	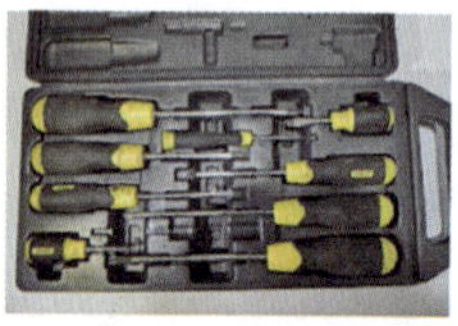	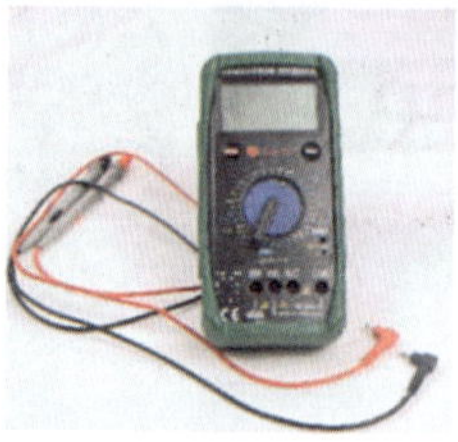	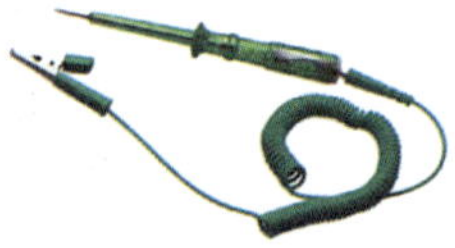
诊断仪	旋具套装	万用表	二极管试灯
	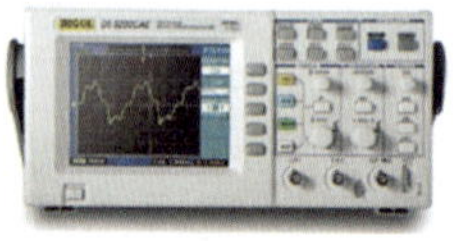		
护目镜	示波器	抹布	熔丝

实训车辆	维修手册

三、防护措施

1. 进入车间应穿工鞋，戴工帽；工作服应整洁，无破损；操作时不可戴手表等金属饰品，以防划伤车辆表面。

2. 维修操作前应铺设三件套及翼子板布，发动机启动前应确保其他人员远离车辆。

3. 更换油液或配件时应处理好油液和配件的回收清理工作，以免对工作环境造成污染。

4. 任何时间操作电气设备时都应注意用电安全，作业结束后，应及时切断用电设备的电源。

5. 操作过程中应做到油品、工具、配件三不落地，作业完毕应及时清理车间工作场地，做到现场5S管理。

四、任务分配（见表 16-2）

表 16-2 任务分配表

职务	代码	姓名	工作内容
组长	A		监督、管理组员工作
组员	B		准备实训所需车辆及零配件
	C		
	D		准备实训所需工具及维修手册
	E		

五、任务实施

（一）操作流程

完成下面工作内容的排序并填写在表 16-3 中。

表 16-3 安全气囊系统故障诊断与维修操作步骤

项目	序号	工作内容
安全防护与准备工作		打开驾驶员侧车门，铺设三件套
		打开发动机舱盖，铺设翼子板布
故障验证		启动车辆，检查安全气囊指示灯是否亮起
		连接诊断仪，进入车辆自诊断，读取安全气囊控制单元故障码，根据故障码进行下一步维修
检查安全气囊控制单元		断开蓄电池负极线束
		检查熔丝 SC9 是否正常
		拆卸安全气囊控制单元 J234 的固定螺栓，并拆卸安全气囊控制单元插接器
		连接蓄电池负极线束
		打开点火开关，使用万用表测量安全气囊控制单元 J234 插接器的 T100/51、T100/76 号端子电压
		测量安全气囊控制单元 J234 插接器的 T100/78 号端子与安全气囊控制单元壳体间的电阻值

续表

项目	序号	工作内容
检查驾驶员侧的侧面安全气囊碰撞传感器 G179 线束		断开蓄电池负极线束
		使用万用表测量安全气囊控制单元插接器的 T100/93 号端子到驾驶员侧的侧面安全气囊碰撞传感器 G179 插接器 1 号端子之间线束的电阻值
		松开驾驶员侧的侧面安全气囊碰撞传感器 G179 锁扣，并将其插接器从驾驶员侧的侧面安全气囊碰撞传感器 G179 上拔下
		使用万用表测量安全气囊控制单元插接器的 T100/92 号端子到驾驶员侧的侧面安全气囊碰撞传感器 G179 插接器 2 号端子之间线束的电阻值
检查驾驶员侧安全气囊引爆装置 N95 线束		使用万用表测量驾驶员侧安全气囊引爆装置 N95 插接器 1 号端子到安全气囊卷簧和带滑环的复位环插接器 3 号端子之间线束的电阻值
		使用万用表测量驾驶员侧安全气囊引爆装置 N95 插接器 2 号端子到安全气囊卷簧和带滑环的复位环插接器 4 号端子之间线束的电阻值
		拆卸转向柱电子装置控制单元端安全气囊插接器
		拆卸驾驶员侧安全气囊引爆装置 N95（拆卸安全气囊前应确保断开蓄电池负极），并拆卸其插接器
		使用万用表测量安全气囊控制单元插接器 T100/68 号端子到转向柱电子装置控制单元端安全气囊插接器 T4ae/2 号端子之间线束的电阻值
		使用万用表测量安全气囊控制单元插接器 T100/69 号端子到转向柱电子装置控制单元端安全气囊插接器 T4ae/1 号端子之间线束的电阻值
检查驾驶员侧安全带开关及其线束		测量驾驶员侧安全带开关 E24 插接器 T2d/2 号端子到安全气囊控制单元壳体之间的电阻值
		测量驾驶员侧安全带开关 E24 插接器 T2d/1 号端子到安全气囊控制单元插接器 T100/28 号端子之间线束的电阻值
		将座椅移至后部，拆卸驾驶员侧安全带开关 E24 插接器
		使用万用表分别测量驾驶员侧安全带开关 E24 在安全带未插和插上两种情况下的导通情况，正常情况为未插安全带时 E24 断开，插入安全带后变为导通
检查与整理		安装拆卸的部件及插接器
		使用诊断仪读取并清除安全气囊控制单元故障码，检查安全气囊指示灯是否熄灭
		撤去翼子板布和三件套，整理工具及现场卫生

（二）实施记录

结合实施过程，对照表 16-4 所列检查项目进行检查，并记录实际的检查结果。

表 16-4　安全气囊系统故障诊断与维修实施记录

序号	检查项目	故障检查	故障记录
1	安全防护与准备工作	打开驾驶员侧车门，铺设三件套 □ 打开发动机舱盖，铺设翼子板布 □	完成情况：
2	故障验证及基础检查	蓄电池电压：________ V　安全气囊系统故障 □ 损坏的熔丝：SC9 □	检查出的故障：

续表

<table>
<tr><th>序号</th><th>检查项目</th><th>故障检查</th><th>故障记录</th></tr>
<tr><td>3</td><td>安全气囊系统故障诊断与维修</td><td>正确连接诊断仪 □ 不能进入自诊断 □ 可以进入自诊断 □
诊断插座 U31 检查 □ 相关熔丝检查 □ 网关 J533 检查 □
安全气囊控制单元电源、搭铁、熔丝检查 □
读取故障码：有故障码 □ 无故障码 □
故障码记录：________________
____
检查安全气囊控制单元 □
检查驾驶员侧的侧面安全气囊碰撞传感器 G179 线束 □
检查驾驶员侧安全气囊引爆装置 N95 线束 □
检查驾驶员侧安全带开关及其线束 □</td><td>检查出的故障：</td></tr>
<tr><td>4</td><td>其他</td><td></td><td>检查出的故障：</td></tr>
<tr><td>5</td><td>整理</td><td>安装拆卸的部件及插接器 □
使用诊断仪读取并清除安全气囊系统故障码，检查安全气囊指示灯是否熄灭 □
撤去翼子板布和三件套 □</td><td>完成情况：</td></tr>
<tr><td colspan="4">根据任务实施流程和故障排除过程，总结安全气囊系统故障排除思路，并填写在下面：
1. ________________
2. ________________
3. ________________
4. ________________
5. ________________
6. ________________</td></tr>
</table>

六、检查

（一）自检

结合本组任务操作过程，对任务执行过程中的操作规范性进行检查，检查操作过程中是否存在以下问题，分析讨论应如何避免并总结规范的操作方法（见表 16–5）。

表 16–5 自检

检查项目	结果
车辆停放位置是否合适，是否将变速器置于空挡并拉紧驻车制动器	是 □ 否 □
是否使用三件套对车辆进行防护	是 □ 否 □
故障点是否找到	是 □ 否 □

续表

检查项目	结果
故障是否排除	是 □　否 □
工作场地是否清洁，车辆是否复位	是 □　否 □

（二）互检

组与组之间相互进行任务操作过程及结果检查，并把检查结果填写在表 16-6 中。

表 16-6　互检

检查项目	结果
车辆停放位置是否合适，是否将变速器置于空挡并拉紧驻车制动器	是 □　否 □
是否使用三件套对车辆进行防护	是 □　否 □
故障点是否找到	是 □　否 □
故障是否排除	是 □　否 □
工作场地是否清洁，车辆是否复位	是 □　否 □

七、课堂小结